C. F. Dietzel

Leitfaden für den Unterricht im technischen Zeichnen

II. Heft: Die Elemente der Perspektive

C. F. Dietzel

Leitfaden für den Unterricht im technischen Zeichnen
II. Heft: Die Elemente der Perspektive

ISBN/EAN: 9783743653337

Hergestellt in Europa, USA, Kanada, Australien, Japan

Cover: Foto ©Paul-Georg Meister /pixelio.de

Weitere Bücher finden Sie auf **www.hansebooks.com**

Leitfaden
für den
Unterricht im technischen Zeichnen
von
Dr. C. F. Dietzel,
Prof. am Gymnasium und der damit verbundenen Realschule in Zittau.

III. Heft.
Die Elemente der Perspective.

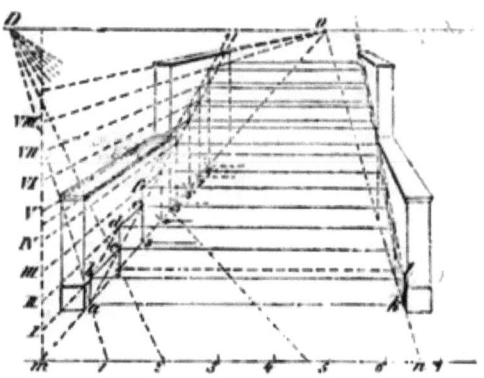

Dritte, vermehrte und verbesserte Auflage.

Leipzig, 1876.
J. M. Gebhardt's Verlag.
(Leopold Gebhardt.)

Leitfaden
für den
Unterricht im technischen Zeichnen
an
Real-, Gewerbe-, Handwerker- und Baugewerkenschulen.

Von

Dr. C. F. Dietzel,
Professor am Gymnasium und der damit verbundenen Realschule in Zittau.

Mit Holzschnitten.

III. Heft.
Die Elemente der Perspective.

Dritte vermehrte und verbesserte Auflage.

Leipzig, 1876.
J. M. Gebhardt's Verlag.
(Leopold Gebhardt.)

Die Elemente
der
Perspective.

Zum Gebrauch

für

Real-, Gewerbe-, Handwerker- und Baugewerkenschulen.

Von

Dr. C. L. Dietzel.

Dritte vermehrte und verbesserte Auflage.

Mit 70 Holzschnitten.

Leipzig, 1876.
J. M. Gebhardt's Verlag.
(Leopold Gebhardt.)

Einleitung.

§ 1.

An eine perspectivische Zeichnung stellt man die Anforderung, daß dieselbe auf das Auge des Beschauers dieselbe Wirkung hervorbringe, welche der gezeichnete Gegenstand, unmittelbar betrachtet, hervorbringen würde.

Im Hinblick auf den Umstand, daß die Darstellung auf einer Ebene, welche nur zwei Dimensionen aufnehmen kann, auf unser Auge und unsere Seele ebenso wirken soll, wie ein körperlicher Gegenstand, der doch drei Dimensionen hat, erscheint die strenge Erfüllung dieser Anforderung kaum möglich.

Allein werfen wir, um dieses Bedenken zu beseitigen, einen Blick auf den Bau unseres Auges, welches das Mittelglied bildet zwischen den sichtbaren Objecten außer uns und den Eindrücken, welche bei deren Betrachtung in unserer Seele entstehen, so wird sich sofort die Möglichkeit ergeben, ein völlig treues perspectivisches Bild zu entwerfen, wie dies ja auch längst schon durch die Erfahrung dargethan worden ist.

Wir brauchen zu diesem Zweck nicht erst eine detaillirte Beschreibung unseres Auges hier einzuschalten, sondern es genügt die Erwähnung der Thatsache, daß die von einem äußeren Gegenstande ausgehenden und in das Auge eintretenden Lichtstrahlen durch einen Linsenapparat im Auge so gebrochen werden, daß auf der hinteren hohlkugelförmig gekrümmten Fläche des Auges, auf der sogenannten Netzhaut, ein kleines verkehrtes Bild des

Gegenstandes entsteht, wie dies in ähnlicher Weise in der camera obscura des Photographen beobachtet werden kann.

Dieses Netzhautbild ist das Mittelglied zwischen dem vom Auge fixirten äußeren Gegenstande und dem Eindruck, den derselbe auf eine noch unerklärte Weise in unserer Seele hervorbringt.

Dieser Eindruck ist bei gleichen Netzhautbildern ein ganz gleicher, und wenn es nun, wie wir zeigen werden, möglich ist, durch eine Zeichnung ein Netzhautbild zu erzeugen, welches dem ganz gleich ist, welches bei Betrachtung des gezeichneten Gegenstandes im Auge entsteht, so wird auch in beiden Fällen dieselbe Vorstellung in unserer Seele erzeugt werden.

Hiermit ist nicht nur die Möglichkeit dargethan, ein völlig treues perspectivisches Bild darzustellen, sondern es ist zugleich die Aufgabe der Perspectivlehre darauf zurückgeführt, eine Zeichnung zu construiren, bei deren Betrachtung dasselbe Netzhautbild im Auge entsteht, wie bei der unmittelbaren Betrachtung des gezeichneten Gegenstandes.

§ 2.

Die Unterscheidung verschiedener Körper durch das Auge beruht darauf, daß die von jedem Punkte ausgehenden und das Auge treffenden Lichtstrahlen durch einen Linsenapparat im Auge gesondert werden dergestalt, daß die von einem Punkte a (Fig. 1) ausgehenden Strahlen in einem Punkte a', die von einem Punkte b ausgehenden Strahlen in einem Punkte b' u. s. w. sich vereinigen, so daß in a' ein Bild des Punktes a, in b' ein Bild des Punktes b ꝛc. entsteht; entspricht nun jedem Punkte der Netzhaut ein besonderer Nerv, so werden in den Punkten a', b', c', auf welche die von a, b, c ausgehenden Lichtstrahlen concentrirt auftreffen, die Nerven erregt und diese drei gesonderten Eindrücke gehen auf unser Bewußtsein über. Daher können wir verschiedene Punkte, die wir gleichzeitig sehen, von einander unterscheiden.

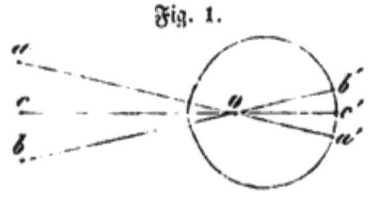

Fig. 1.

Sehen wir einen ganzen Körper, so vereinigen sich die unzähligen

Punkte, in welchen die einzelnen, vom Körper ausgehenden Strahlenbüschel die Netzhaut treffen, zu einer zusammenhängenden Fläche, dem Netzhautbilde des Körpers, aber immer wird jedem Punkte des Netzhautbildes ein correspondirender Punkt des Körpers entsprechen, und die Lage der Punkte und deren Abstände, sowie die Stärke ihrer Beleuchtung, wie ihre Farbe ist auf dem Netzhautbilde ganz denselben Umständen am Körper, der das Netzhautbild erzeugt, entsprechend.

Der einzige Unterschied besteht nur darin, daß das Netzhautbild eine umgekehrte Lage hat. Die Beantwortung der Frage, warum wir dennoch den Gegenstand aufrecht sehen, sowie die Erörterung einer Reihe von andern, hier auftauchenden Fragen, welche in das Gebiet der Optik, Physiologie und Psychologie gehören, würde uns zu weit von unserem Ziele abführen. Wir beschränken uns daher nur auf die für unsere Betrachtung unbedingt nothwendigen Thatsachen.

§ 3.

Wenn, wie § 2 angeführt wurde, die von den Punkten a, b, c ausgehenden Strahlenbündel sich im Auge in den Punkten a', b', c' vereinigen, so nennt man die Verbindungslinien aa', bb', cc' die Achsen der zugehörigen Strahlenbündel. In Bezug auf dieselben führen wir die für uns wichtige Thatsache an, **daß die Achsen aller dieser Strahlenbündel sich im Auge in einem Punkte o schneiden, welchen Punkt man den Kreuzungs- oder Knotenpunkt nennt.**

Wir brauchen daher nicht mehr von den Strahlenbündeln zu sprechen, sondern nur von deren Achsen, da auf denselben die beiden für uns wichtigen Punkte a und a', b und b' u. s. w. liegen. Ferner kommt nicht mehr das ganze Auge oder ein willkürlicher Punkt desselben in Frage, sondern nur der Kreuzungspunkt o. Endlich werden wir sehen, daß wir an die Stelle des Netzhautbildes eine andere Größe setzen können.

Denn von den bei o entstehenden Winkeln, welche die Sehwinkel genannt werden, hängt offenbar die Größe der auf der Netzhaut entstehenden Bilder ab. Wenn nun die letzteren für uns das Maß für die scheinbare Größe der Gegenstände außer uns bilden, so können wir statt dieser

Netzhautbilder, welche uns unzugänglich sind, auch die Größe der Sehwinkel als Maß für die scheinbare Größe der Gegenstände substituiren.

Der gemeinschaftliche Scheitel aller Sehwinkel ist der im Auge gelegene Kreuzungspunkt o, und diesen Punkt meinen wir, wenn wir in der Folge das Auge kurz als einen Punkt darstellen.

Wenn wir von der scheinbaren Größe eines Gegenstandes a b sprechen, werden wir nach dem Gesagten nicht mehr auf das Netzhautbild a' b' zurückgehen, sondern wir werden die scheinbare Größe durch den Sehwinkel a o b oder durch eine zwischen dessen Schenkeln liegende Linie a' b' oder a" b" (Fig. 2) darstellen.

§ 4.

Wenn mehrere Linien im Raume a b, a' b', a" b".... einen gemeinschaftlichen Sehwinkel a o b haben, so rufen dieselben im Auge auf der nämlichen Stelle der Netzhaut ein gleiches Bild hervor.

Der Eindruck auf das Auge ist daher ganz gleich, ob dasselbe von o aus die Linie a b oder a' b' oder a" b" (Fig. 2) betrachtet.

Die Intensität (Stärke) des Lichteindrucks kann allerdings verschieden sein, da dieselbe mit dem Quadrate der Entfernung abnimmt; es wird daher eine entfernter gelegene Linie, wenn sie an sich nicht stärker beleuchtet ist, als näher gelegene Linien, einen schwächeren Lichteffekt im Auge hervorbringen; aber beachten wir zunächst nur den räumlichen Eindruck, so wird dieser ganz der nämliche sein bei Betrachtung der Linie a' b' oder a" b".

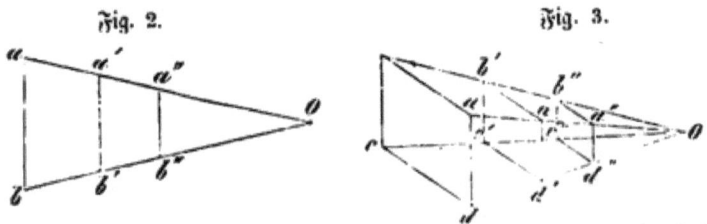

Fig. 2.   Fig. 3.

Fassen wir gleichzeitig mehrere Linien ins Auge, z. B. die vier Seiten eines Rechtecks a b c d (Fig. 3) und ziehen die dazu gehörigen Sehlinien, so werden, wenn wir in dieselben Sehwinkel die Seiten mehrerer anderer

Figuren a' b' c' d' oder a'' b'' c'' d'' .... construiren, dieselben auf das Auge o denselben Eindruck hervorbringen, wie das Rechteck a b c d, wenn wir, wie wir in Folgendem voraussetzen wollen, von der Intensität des Lichts absehen und nur die Gestalt und Größe der uns erscheinenden Figur im Auge behalten.

Unter dieser Voraussetzung wird eine auf Papier oder auf eine Tafel gezeichnete Figur a' b' c' d' auf das Auge o denselben Eindruck hervorbringen, wie eine in der Natur befindliche Figur a b c d, wenn nur beide eine solche Lage gegen das Auge haben, daß die Sehwinkel der sich entsprechenden Seiten und Diagonalen in beiden Fällen gleiche Größe haben.

Auf dieser Bemerkung beruht die Methode der Perspective. Die in der angegebenen Weise auf einer Ebene, welche man die perspectivische Tafel nennt, dargestellte Zeichnung a' b' c' d' wird das perspectivische Bild der Figur a b c d in der Natur oder im Raume genannt.

Beachtet man bei einer solchen Darstellung nur Gestalt und Größe und deutet dieselbe durch Linien an, läßt aber die Intensität des Lichts, das verschiedene Colorit der Flächen und die von denselben geworfenen Schatten außer Acht, so heißt diese Art der Darstellung Linearperspective. Daß die nach der Methode der Linearperspective dargestellten Bilder nicht einen der Natur vollkommen entsprechenden Eindruck auf das Auge hervorbringen können, ist selbstverständlich, da sehr wesentliche Momente, Schatten und Abstufung in der Beleuchtung, unberücksichtigt geblieben sind. Aber nichts desto weniger ist die Linearperspective von großer Wichtigkeit, da dieselbe die Conturen liefert, welche der Schattirung immer vorausgehen müssen.

§ 5.

Wir haben § 2 des ersten Heftes bemerkt, daß man eine vorläufige Vorstellung von der Methode der Perspective erlangen könne, wenn man sich hinter einem Fenster aufstellt, so daß das Auge etwa einen Fuß von demselben entfernt sich befindet und mit einem Stift auf dem behauchten Fenster die Umrisse benachbarter Häuser, Bäume u. s. w., wie sie sich auf der Fensterscheibe darstellen, angiebt. Diese Methode kann aber zu etwas weiterem nicht dienen, als sich eine ohngefähre Vorstellung von der Sache zu machen.

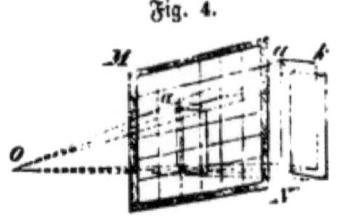

Fig. 4.

Eine andere Methode besteht darin, daß man einen Rahmen M N (Fig. 4) durch ausgespannte Drähte in Quadrate theilt und hinter demselben einen darzustellenden Körper aufstellt und vor demselben sich das Auge o denkt. Stellt dieser Rahmen die perspectivische Tafel vor, so können die Drähte als Abscissen und Ordinaten der darzustellenden Punkte angesehen werden.

Theilt man in derselben Weise wie es mit der Tafel M N geschehen ist, das Papier, auf welchem der Körper K dargestellt werden soll, durch Bleistiftlinien ein und faßt einen Punkt a des Körpers ins Auge, so wird die Sehlinie durch ein bestimmtes Quadrat der Tafel M N gehen; in das entsprechende Quadrat der Zeichnung muß auch das perspectivische Bild α des Punktes a fallen. Man muß nun zwar die genaue Lage im kleinen Quadrate noch abschätzen, allein einmal geben die relativen Abstände von den Seiten oder Ecken desselben einen Anhalt und sodann läßt sich in kleinen Räumen sicherer eine Schätzung bewirken, als in großen. Diese Methode ist ganz vorzüglich, wenn die Perspective beim Unterricht im freien Handzeichnen eingeübt werden soll.

Oft nimmt man auch blos einen über einem Fischbeinbogen ausgespannten Faden, welcher, in horizontale Lage gebracht, die perspectivisch gleich hoch gelegenen Punkte und, in vertikale Lage gebracht, die perspectivisch in derselben lothrechten Linie gelegenen Punkte bezeichnet; ebenso lassen sich hiermit die perspectivischen Höhen und Breiten leichter einschätzen, als wenn man ohne allen Anhalt ist. Bei länger fortgesetzten Uebungen werden die Schätzungen immer sicherer und der geübte Zeichner und Maler legt zuletzt diese und ähnliche Hülfsmittel ganz bei Seite.

Mit diesen auf Schätzung und Augenmaß sich gründenden Methoden

haben wir es aber hier nicht zu thun, sondern unsere Aufgabe ist, auf geo=
metrischem Wege die perspectivische Lage der Punkte zu bestimmen.

§ 6.

Das perspectivische Bild ist außer von der Form der dar=
zustellenden Körper oder Körpergruppen abhängig von dem
Standpunkte des Beobachters und von der Lage der perspecti=
vischen Tafel.

Bei verändertem Standpunkt stellt sich derselbe Körper oder dieselbe
Körpergruppe dem Auge verschieden dar, und es können also, je nach dem
Standpunkte, dieselben Objecte
ganz verschiedene perspectivische
Bilder geben. So werden z. B.
zwei Würfel a b c d und e f g h
(Fig. 5), das einemal von o, das
anderemal von o' aus betrachtet,
verschieden erscheinen: von o aus
werden vom ersten Würfel die
Seitenflächen a b und a d, und
zwar die erstere schmal, die
zweite in ziemlich voller Breite
erscheinen, während vom zweiten
Würfel nur die Seitenfläche e h zu sehen, die Fläche e f aber vom ersten
Würfel verdeckt ist; von o' aus dagegen sind von jedem Würfel zwei
Seitenflächen (ad und cd vom ersten, eh und gh vom zweiten) zu sehen.
Ob ferner die obere oder die untere Grundfläche der Würfel oder keine
von beiden zu sehen ist, hängt davon ab, ob das Auge tiefer oder höher
als der Würfel, oder in gleicher Höhe mit demselben liegt.

Ebenso ist leicht einzusehen, daß die Gestalt des perspectivischen Bildes
von der Lage der Tafel gegen das Auge einerseits und gegen die aufzuneh=
menden Körper anderseits abhängig ist. Bei einer parallelen Verschiebung
der Tafel Fig. 3 wird man geometrisch=ähnliche Bilder erhalten, d. h. ge=
radlinige Figuren werden dieselben Winkel beibehalten und die Seiten wer=

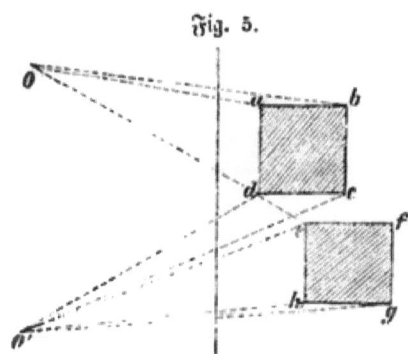

Fig. 5.

den sich in gleichem Verhältniß ändern, weil eine Pyramide (die Strahlen=
pyramide) beim Durchschneiden durch parallele Ebenen ähnliche Durchschnitte
giebt. Erhält aber die Tafel eine gegen die frühere Lage geneigte Lage,
so werden die Winkel und Seitenverhältnisse sich ändern, das perspectivische
Bild kann dann eine völlig veränderte Gestalt annehmen, das Quadrat
kann dann in ein Trapez oder selbst in eine gerade Linie, der Kreis kann in
eine Ellipse oder in eine gerade Linie übergehen u. s. w.

Daher muß, um ein bestimmtes perspectivisches Bild zu
erhalten, die Lage des Auges sowohl, als die Lage der Tafel
gegen die darzustellende Körpergruppe gegeben und fest be=
stimmt sein.

Die Lage der Tafel an sich kann eine sehr verschiedene sein; in der
Mehrzahl der Fälle wählt man die vertikale Lage, welche wir im Fol=
genden durchweg annehmen und beibehalten wollen. Wie im Uebrigen der
Standpunkt und die Lage der Tafel gegen die darzustellenden Körper zu
wählen ist, um ein gut angeordnetes, malerisches Bild zu erhalten, darüber
werden wir weiter unten einige allgemeine Grundsätze hinstellen.

§ 7.
Grundebene. Grundlinie. Horizont. Distanz. Augenpunkt. Distanzpunkte.

Um den Standpunkt des Beobachters und die Lage der Tafel festzu=
stellen, denke man sich durch den Fußpunkt a des Beobachters eine horizon=
tale Ebene m n o p (Fig. 6a) gelegt, die man sich unbegrenzt denken mag.
Diese Ebene heißt die Grundebene oder geometrische Ebene und soll zu=
gleich künftig benutzt werden, um den geometrischen Grundriß der darzustel=
lenden Körper aufzunehmen.

Die vertikale perspectivische Tafel M′NPQ schneidet die Grundebene
in der Linie M′N und diese Linie heißt die Grundlinie oder Fundamen=
tallinie der Tafel.

Wenn vom Auge o, welches lothrecht über dem Fußpunkt a des Be=
obachters liegt, eine Senkrechte o O auf die Tafel gefällt wird, welche, weil
die Tafel vertikal liegt, eine horizontale Linie sein muß, so heißt dieselbe

die Augenaxe, der Augenabstand (von der Tafel) oder gewöhnlich kurzweg die Distanz. Eine durch o O gelegte horizontale Ebene schneidet die Tafel in einer horizontalen Linie H H', welche die Horizontale oder kurzweg der Horizont (der Tafel) genannt wird. In der Natur findet sich diese Linie als diejenige, in welcher sich Himmel und Erde zu berühren scheinen, wenn man eine sehr weite horizontale Ebene, etwa die Meeresfläche übersieht.

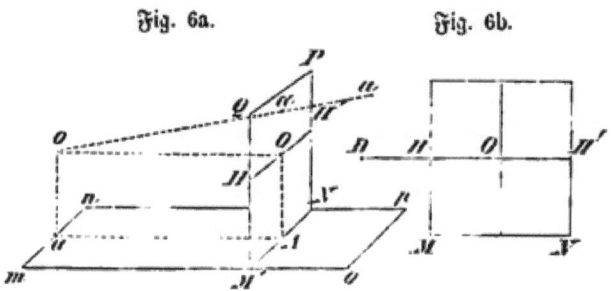

Fig. 6a.   Fig. 6b.

Der Punkt O, in welchem die vom Auge auf die Tafel gefällte Senkrechte o O die Tafel durchschneidet, heißt der Hauptpunkt der Tafel oder der Augenpunkt, obwohl er nicht das Auge selbst, sondern nur die Projection des Auges auf die Tafel darstellt; selbstverständlich liegt der Augenpunkt O stets auf dem Horizont H H'.

Fällt man vom Augenpunkt O auf die Grundlinie der Tafel ein Loth O A, so heißt dieses Loth die Verticale (der Tafel), welche gleich der Höhe des Auges a o über der Grundebene ist. Verbindet man den Fußpunkt A der Verticalen mit dem Fußpunkt a des Beobachters, so ist die Verbindungslinie A a gleich der Distanz O o.

Die Grundlinie M' N der Tafel und der Horizont H H' sind als die Durchschnitte zweier horizontalen Ebenen mit einer dritten, der Tafel, parallel und horizontal. Stellt daher MNQP Fig. 6b nicht wie bisher die perspectivische, sondern die wahre Gestalt der Tafel vor, so ist die Grundlinie M N und der Horizont H H' horizontal darzustellen. Trägt man vom Augenpunkte O aus auf beiden Seiten des Horizonts den Augenabstand oder die Distanz o O = O D = O D' auf der Tafel ab, so heißen

die Punkte D und D′ die Distanzpunkte, weil sie um die Augendistanz vom Augenpunkte abstehen. In Fig. 6b ist nur der links liegende Distanz=
punkt angedeutet.

§ 8.

Denkt man sich vom Auge o (Fig. 7a) nach einem hinter der Tafel M N P Q gelegenen Punkt a einen Sehstrahl o a gezogen, welcher die Tafel in α schneidet, so ist α das perspectivische Bild von a.

Fällt man von α auf die Grundlinie M N der Tafel das Loth α α′, so ist α α′ die perspectivische Höhe des Punktes a, während M α′ die per=
spectivische Breite des Punktes a — vom Endpunkt der Grundlinie M aus gerechnet — ist.

Wenn nun Fig. 7b dieselbe Tafel geometrisch darstellt und man trägt auf der Grundlinie derselben die perspectivische Breite M α′ auf, er=

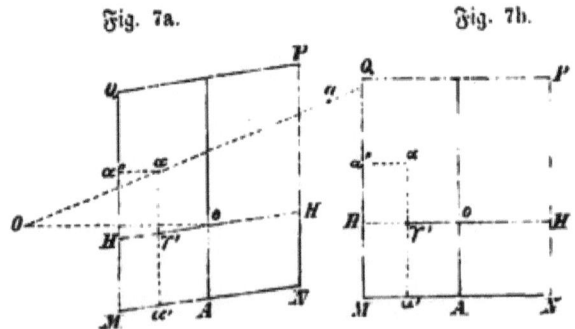

Fig. 7a.   Fig. 7b.

richtet in α′ ein Loth α α′ gleich der perspectivischen Höhe des Punktes a, so ist der entstandene Punkt α die Perspective von a.

Kennt man daher die persp. Breite M α′ und Höhe α α′ eines Punktes a, so läßt sich, wie Fig. 7b gezeigt worden ist, dessen Perspective α leicht bestimmen.

Man nennt M α′ und α α′ auch die perspectivischen Coordinaten, und wenn man das Rechteck M α′ α α″ vollendet, so kann man α auch durch Auftragen von M α″ und α α″ bestimmen. Im vorliegenden Fall ist M der sogenannte Anfangspunkt der Coordinaten. Man hätte aber auch A als Anfangspunkt annehmen können, dann würde A α' als perspectivische Breite aufzutragen gewesen sein. Für einen rechts vom Auge gelegenen Punkt würde dann die perspect. Breite rechts von A nach N hin aufzutragen sein.

Häufig wird auch der Augenpunkt O als Anfangspunkt der persp. Coordinaten gewählt, dann sind die perspectivischen Breiten auf den Horizont von O aus nach links und rechts aufzutragen, je nachdem der Punkt im Raume links oder rechts vom Auge liegt.

1. Die mittelbare Bestimmung der Perspective durch den geometrischen Grund- und Aufriß.

a) Die Perspective des Punktes.

§ 9.

Nach § 8 kann man die Perspective von Punkten erlangen, wenn man die perspectivischen Coordinaten derselben bestimmt. Dies kann vermittelst des geometrischen Grund- und Aufrisses geschehen, indem man auf demselben das Auge, die Tafel und die in Perspective zu setzenden Punkte aufträgt. Zieht man dann die Projectionen der Sehstrahlen und bestimmt deren Durchschnitte mit der Tafel, so erhält man die Perspectiven der entsprechenden Punkte im Grund- und Aufriß. Da nun der Grundriß die Horizontalabstände (Abscissen), der Aufriß die Verticalabstände (Ordinaten) enthält, so sind damit die perspectivischen Breiten und Höhen gefunden.

Die Tafel lege man so, daß sie auf Grund- und Aufriß senkrecht steht, so daß ihre Projectionen M N' und M Q" (Fig. 8a) gerade Linien sind: auf diesen werden dann unmittelbar die perspectivischen Coordinaten entnommen werden können.

Wenn die Sehstrahlen o' a', o' b' im Grundriß die Tafel in α, β schneiden, so sind M α', M β'... die perspectivischen Breiten, die man nur auf die in Fig. 8b dargestellte Tafel überzutragen braucht. Ebenso ergeben sich im Aufriß durch die Sehstrahlen o" a", o" b".., die perspectivischen Höhen M α", M β"..., die durch horizontale Hilfslinien vom Aufriß auf die Tafel übergetragen werden können.

Man kann die perspectivische Tafel (Fig. 8b) auch als Seitenansicht der geometrischen Ansicht Fig. 8a ansehen. Wird die Projection des Auges aus der letztern auf die erstere mit übertragen, so ergiebt sich der § 7 erwähnte Augenpunkt o, sowie der durch denselben gehende Horizont; trägt man außerdem aus Fig. 8a den Abstand des Auges von der Tafel auf Fig. 8b über und zwar von o aus auf beide Seiten des Horizonts, so erhält man die Distanzpunkte D, D' (§ 7). Wird der Augenpunkt o in der halben Breite der Tafel angenommen, so ist das von o auf die Grundlinie M N

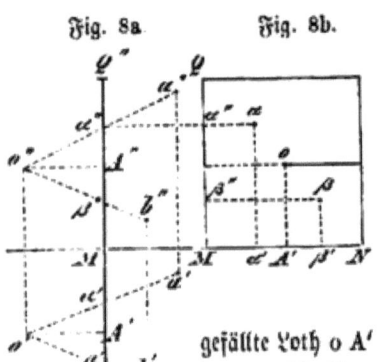

Fig. 8a.   Fig. 8b.

gefällte Loth o A' die Mittellinie der Tafel, welche auch kurzweg die Vertikale genannt wird.

Wir haben bisher die perspectivischen Breiten und Höhen von M aus auf M N und M Q abgetragen, also den Punkt M als Anfangspunkt der perspectivischen Coordinaten betrachtet; statt dessen wollen wir den Fußpunkt A' der Vertikalen als Anfangspunkt annehmen, welchem in der geometrischen Ansicht der Punkt A' im Grundriß entspricht; denselben erhält man, indem man vom Grundriß o' des Auges auf den Grundriß M N' der Tafel eine Senkrechte o' A' fällt. Die perspectivischen Breiten, welche im Grundriß unterhalb A' liegen, wie A' β' (Fig. 8a) sind auf der Tafel rechts von A, und diejenigen, welche im Grundriß oberhalb A' liegen, wie A' α', sind auf der Tafel links von A aufzutragen.

Je nachdem daher im Grundriß ein Punkt unter- oder oberhalb der Linie o' A' liegt, kommt derselbe in der perspectivischen Tafel rechts oder links von der Mittellinie zu liegen.

Je nachdem ferner im Aufriß ein Punkt unter- oder oberhalb der Horizontallinie o" A" liegt, kommt derselbe auf der Tafel über oder unter dem Horizont zu liegen.

Liegt ein Punkt auf der Tafel, so fällt selbstverständlich seine Perspective mit ihm zusammen.

b) **Die Perspective der geraden Linie.**

§ 10.

Die Perspective einer geraden Linie a b ist wieder eine gerade Linie; nur in einem Falle ist dieselbe ein Punkt, wenn die Linie durch das Auge des Beobachters geht.

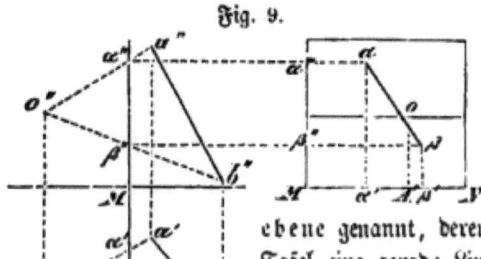
Fig. 9.

Denn denkt man sich vom Auge O nach der Linie a b unzählig viele Sehlinien gezogen, so liegen dieselben sämmtlich in einer Ebene, die Strahlenebene genannt, deren Durchschnitt $\alpha \beta$ mit der Tafel eine gerade Linie ist.

Daher erhält man die Perspective einer Geraden a b (Fig. 9), wenn man die Perspectiven α und β ihrer Endpunkte bestimmt und dieselben durch eine Gerade verbindet.

§ 11.

Für die perspectivische Darstellung gerader Linien gewähren folgende Sätze wesentliche Vereinfachungen:

1) Ist eine Linie a b parallel mit der Tafel, so ist dieselbe mit ihrer Perspective $\alpha \beta$ parallel.

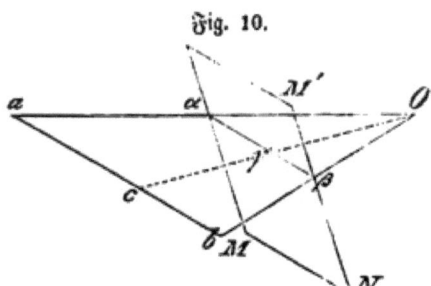
Fig. 10.

Denn legt man durch a b (Fig. 10) die Strahlenebene a O b, welche die Tafel in $\alpha \beta$ schneidet, so muß $\alpha \beta \parallel$ a b sein; denn wäre dies nicht der Fall, so würden sich diese Linien, da sie in einer Ebene (a O b) liegen, in einem Punkte x schneiden, welcher, da $\alpha \beta$ in der Tafel liegt, ein Punkt der Tafel M M' sein müßte, was gegen die Voraussetzung ist, da a b ∥ M M' ist.

2) Die Perspectiven lothrechter Linien stehen senkrecht auf der Grundlinie der Tafel.

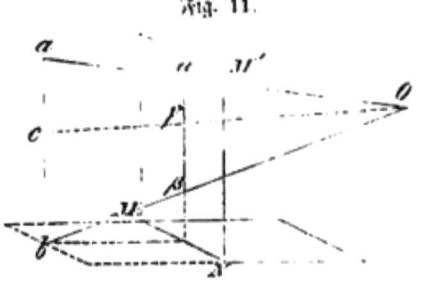

Fig. 11.

Denn ist die Linie a b (Fig. 11) lothrecht, so muß sie mit der ebenfalls lothrechten Tafel M M' parallel sein, daher ist nach 1) die Linie parallel mit ihrer Perspective α β. Wenn nun von zwei parallelen Linien die eine a b senkrecht auf der Grundebene steht, so muß die andere α β ebenfalls auf derselben senkrecht stehen, mithin auch auf der durch ihren Fußpunkt gehenden Grundlinie M N.

3) Die Perspectiven von horizontalen und mit der Tafel parallelen Linien sind horizontal, d. h. parallel mit der Grundlinie oder mit dem Horizont der Tafel.

Denn ist eine Linie a b (Fig. 10) parallel mit der Tafel, so ist nach 1) ihre Perspective α β ∥ a b. Ist nun a b horizontal, so muß daher auch α β horizontal sein.

4) Wird eine mit der Tafel parallele Linie a b (Fig. 11) durch einen Punkt c in einem bestimmten Verhältniß a c : c b = m : n getheilt, so wird deren Perspective in demselben Verhältniß getheilt.

Denn da nach 1) a b ∥ α β ist, so ist △ o α γ ∽ △ o a c und △ o β γ ∽ △ o b c, daher o γ : o c = α γ : a c und o γ : o c = β γ : b c, folglich α γ : a c = β γ : b c oder α γ : β γ = a c : b c = m : n.

5) Sind mehrere gerade Linien unter sich und mit der Tafel parallel, so sind auch deren Perspectiven parallel. Folgt aus 1.

Liegt eine Linie in der Tafel, so fällt dieselbe mit ihrer Perspective zusammen.

Daher sind alle in der Tafel liegenden Linien als geometrische Maße zu betrachten und in ihrer wahren Größe aufzutragen, während alle hinter der Tafel liegenden Linien auf der Tafel verkürzt erscheinen.

Von mehreren Linien, welche im Raume gleich lang sind, sagt man: sie sind perspectivisch gleich, obwohl ihre Perspectiven verschiedene Länge haben können. Von perspectivisch gleichen Linien erscheinen nach dem Gesagten nur diejenigen in der wahren Größe, welche in der Tafel selbst liegen.

Vergleicht man das Gesagte mit Fig. 12, so findet man, daß die Perspective $\gamma \delta$ der Linie c d in der wahren Größe erscheint, weil c d in der Tafel liegt, während die Perspective $\alpha \beta$ der Linie a b verkürzt erscheint, da sie, wie aus dem Aufriß hervorgeht, um c" b" = d" a" von der Tafel absteht. Dennoch nennt man die Linien $\gamma \delta$ und $\beta \alpha$ perspectivisch gleich, da sie von geometrisch gleich langen Linien herrühren.

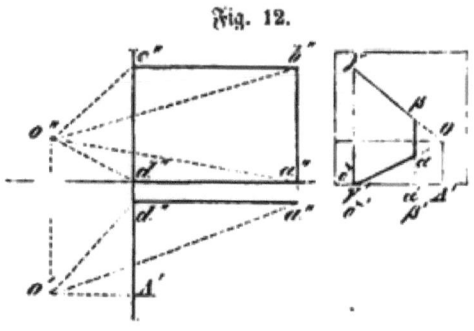

Fig. 12.

Zugleich stehen dieselben nach § 11, 2) senkrecht auf der Grundlinie, da die dazu gehörigen Linien im Raume senkrecht auf der Grundebene stehen.

Außerdem wird man bei genauer Construction finden, daß die Perspectiven $\gamma \beta$ und $\delta \alpha$ der Linien c b und d a derselben Figur sich im Augenpunkte schneiden.

Wir werden später, bei der Lehre von den Verschwindungspunkten, zeigen, daß dies jederzeit der Fall sein muß, sobald die Linien im Raume senkrecht auf der Tafel stehen.

c. **Die Perspective ebener Figuren.**

§ 13.

Denkt man sich durch die Grenzlinien einer ebenen Figur a b c d (Fig. 3) Strahlenebenen gelegt, so entsteht eine Pyramide, welche wir die **Strahlenpyramide** nennen wollen.

Der Durchschnitt a' b' c' d' derselben mit der Tafel ist die Perspective der Figur a b c d.

Ist eine Ebene durch eine krumme Linie begrenzt, so denke man sich vom Auge o aus einen dieselbe umschließenden Strahlenkegel erzeugt, so giebt dessen Durchschnitt mit der Tafel die Perspective der Figur im Raume.

Hieran schließen sich folgende Sätze an:

1) **Ist eine Figur parallel mit der Tafel, so ist deren Perspective ähnlich der Figur im Raume.**

Denn wird eine Pyramide oder ein Kegel durch parallele Ebenen durchschnitten, so sind die Schnittfiguren ähnlich.

Ist die Figur geradlinig, so genügt es in diesem Falle, die Perspective einer Seite zu bestimmen und an diese eine, der Figur im Raume ähnliche Figur anzuschließen.

2) **Ist eine Figur mit der Tafel nicht parallel, so stimmt die Gestalt der Perspective nicht mit der der Figur im Raume überein.**

Die erstere kann sowohl in den Winkeln, als in den Seitenverhältnissen von der letzteren abweichen. So kann ein Rechteck als Trapez erscheinen, wie Fig. 12 zeigt; ferner ein Kreis als Ellipse, Hyperbel ꝛc., je nach der Lage der perspectivischen Tafel gegen den dazu gehörigen Strahlenkegel.

3) **Wenn die Ebene einer Figur hinreichend verlängert durch den Gesichtspunkt o geht, so ist deren Perspective eine gerade Linie.**

Denn die Strahlenpyramide geht in diesem Falle in eine Strahlenebene über, welche die Tafel in einer Geraden schneidet.

§ 14.

Wir haben bisher die perspectivische Tafel, welche nach § 9 als Seitenansicht der geometrischen Darstellung angesehen werden kann, an einer beliebigen Stelle neben dem geometrischen Aufriß angetragen.

Wir wollen nun, so lange wir diese erste Methode beibehalten, der Raumersparniß wegen die perspectivische Tafel zum Theil auf den Aufriß legen, und zwar auf diejenige Seite desselben, welche die Projection o'' des Auges enthält. Da o'' dieselbe Höhe über der Projectionsachse hat, wie der Augenpunkt o über der Grundlinie der Tafel, so wollen wir die Tafel so legen, daß o auf o'' fällt und die Grundlinie der Tafel, wie bisher, mit der horizontalen Projectionsachse zusammenfällt. Der Punkt o'' hat dann eine doppelte Bedeutung: er ist für die geometrische Ansicht der Aufriß des Auges und für die perspectivische Ansicht der Augenpunkt. Der Punkt D', in welchem der durch o'' gelegte Horizont die geometrische Ansicht der Tafel schneidet, ist der eine Distanzpunkt.

Zu der § 12 gemachten Bemerkung, daß die Perspectiven aller auf der Tafel senkrechten Linien sich im Augenpunkte schneiden, fügen wir hinzu, daß die Perspectiven aller horizontalen Linien, welche gegen die Tafel unter 45° geneigt sind, gleichviel, ob sie hoch oder niedrig liegen, sich in einem der Distanzpunkte D oder D' schneiden. Obwohl der Beweis für diese, zunächst auf constructivem Wege sich ergebenden Thatsachen erst im nächsten Kapitel allgemein geführt werden wird, so ist es doch aus pädagogischen Rücksichten zweckmäßig, schon jetzt darauf hinzuweisen.

Fig. 13 mag das Gesagte erläutern. Die Seiten 1. 2 und 3. 4 des dargestellten horizontal liegenden Quadrats stehen auf der Tafel senkrecht, daher schneiden sich deren Perspectiven im Augenpunkte o''; die Seiten 1. 4 und 2. 3 sind horizontal und parallel mit der Tafel, daher sind deren Perspectiven horizontal (§ 11, 3); die Diagonalen 1. 3 und 2. 4 sind unter 45° gegen die Tafel geneigt, daher gehen deren Perspectiven, hinreichend verlängert, durch die Distanzpunkte D und D'.

Dasselbe Quadrat ist (Fig. 13) einmal über und einmal unter dem

Horizont liegend dargestellt, woraus der Schüler selbst einige wichtige Bemerkungen ableiten mag.

Fig. 13.

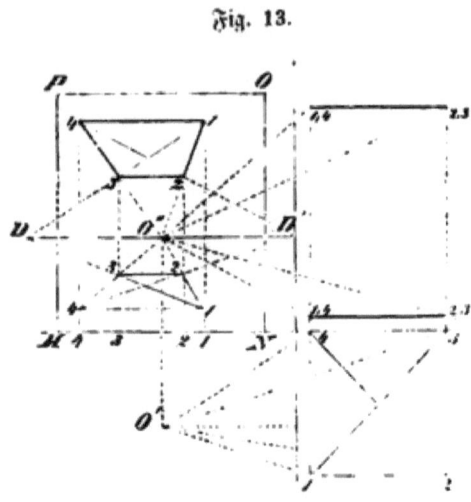

Aufgabe. Obwohl die bisher vorgetragene Methode, auf alle Punkte angewendet, nicht die kürzeste ist, so halte ich es doch bei wenig vorbereiteten Schülern für zweckmäßig, an dieser Stelle einige Aufgaben auf dem Reißbrete ausführen und den Augenpunkt und die Distanzpunkte, sei es auch zunächst nur, um die Richtigkeit der Construction zu prüfen, möglichst mit benutzen zu lassen.

Folgende horizontal liegende Figuren in Perspective zu setzen:
1) Fig. 13 im vergrößerten Maßstabe;
2) dieselbe Figur mit der Abänderung, daß in jedes der beiden Quadrate ein zweites Quadrat eingezeichnet ist, dessen Seiten halb so lang sind und dessen Diagonalen mit denen des äußeren Quadrats zusammenfallen;
3) ein horizontal liegendes Quadrat, dessen Seiten unter 45° gegen die Tafel geneigt sind;
4) eine horizontale Fläche in Form eines Kreuzes.

d) Die Perspective eckiger Körper.

§ 15.

Man denke sich vom Gesichtspunkte o aus eine Strahlenpyramide, welche den gegebenen Körper umschließt, so giebt deren Durchschnitt mit der Tafel den perspectivischen Umriß des gegebenen Körpers; außerdem sind noch die innerhalb dieser Pyramide liegenden Kanten, welche nach o hin liegen, in Perspective zu setzen, während die Kanten, welche auf der von o abgewendeten Seite liegen, entweder ganz wegzulassen oder nur durch punktirte Linien anzudeuten sind.

Bei den Uebungen auf dem Reißbrete mögen von nun an die von den Projectionen o″ und o′ des Gesichtspunktes nach den Projectionen der Grenzpunkte gezogenen **Strahlen** nicht mehr durch punktirte Linien angegeben, sondern nur deren Anfangs- und Endpunkte, sowie deren Durchschnittspunkte mit der Tafel angedeutet werden. Wir werden dieselben in einzelnen Fällen, wo es die Deutlichkeit erfordert, noch beibehalten. Ebenso ist es mit den auf den Achsen zu errichtenden Senkrechten zu halten.

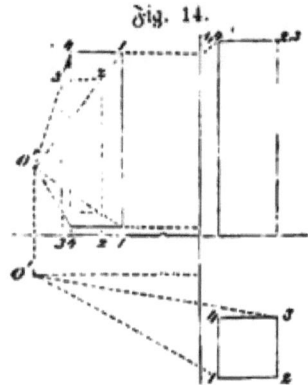

Fig. 14.

Fig. 14 enthält die geometrische und perspectivische Ansicht eines geraden Prismas mit quadratischer Grundfläche, wobei darauf aufmerksam zu machen ist, daß die Perspectiven der Grundkanten 1. 2 und 3. 4 durch den Augenpunkt o″ gehen, die der Grundkanten 1. 4 und 2. 3 horizontal und die aller Seitenkanten lothrecht sind.

Aufgaben. Die Perspectiven einiger einfachen Körper zu bestimmen:

1) eines Würfels, von welchem zwei Seitenflächen mit dem Aufriß parallel sind;

2) eines Würfels, dessen eine horizontale Seitenfläche im Grundriß liegt und dessen vertikale Seitenflächen unter 45° gegen die Tafel geneigt sind;

3) einer regelmäßigen vierseitigen Pyramide;

4) eines regelmäßigen vierseitigen Prismas;

5) eines Prismas und einer darauf stehenden Pyramide von gleicher (quadratischer) Grundfläche.

e) **Die Perspective runder Körper.**

§ 16.

Die Perspectiven derjenigen runden Körper, welche sich auf eckige zurückführen lassen, wie der Cylinder und Kegel, läßt sich nach der vorhergehenden Methode behandeln; dagegen muß der Perspective der übrigen runden Körper die Theorie der Tangenten vorausgehen, welche im ersten Heft nicht behandelt ist; näherungsweise lassen sich aber auch die Perspectiven dieser Körper bestimmen, wenn man die Perspective einiger parallelen Schnitte bestimmt und an dieselben eine gemeinschaftliche Berührungscurve legt.

Fig. 15.

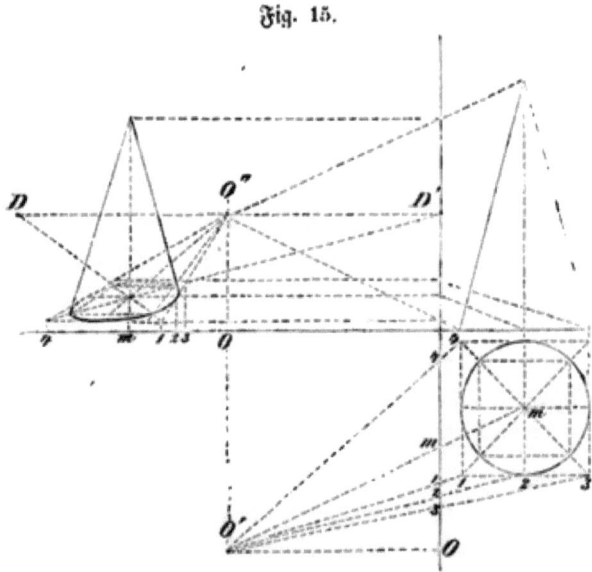

Von den runden Körpern ist am einfachsten die Perspective des Kreiskegels zu construiren. Um die Grundfläche zu erhalten, beschreibe man in und um dieselbe ein Quadrat, dessen Seiten theils senkrecht auf der Tafel stehen, theils parallel mit derselben sind, ziehe parallel mit denselben zwei Durchmesser, sowie beide Diagonalen, so erhält man als geometrische

Oerter von 8 Punkten der Kreisperipherie 12 Linien, welche theils durch den Augenpunkt, theils durch die Distanzpunkte gehen, theils horizontal sind; zwischen den beiden Quadraten liegt die Peripherie des Kreises und jedes derselben giebt 4 Punkte der Kreisperipherie, wie Fig. 15 zeigt.

Ist der Kegel ein grader, so liegt die Perspective der Spitze senkrecht über dem Mittelpunkt der Grundfläche; die Perspective des Mantels wird durch zwei von der Spitze ausgehende Gerade, welche die Perspective der Grundfläche berühren, gebildet.

Bei der Walze wird die Perspective des Mantels durch zwei mit der Achse parallele, die Grundflächen berührende Gerade gebildet.

Anmerkung. Liegt eine sichtbare horizontale Fläche des Körpers unter dem Horizont HH′, z. B. die obere Grundfläche eines Prismas, so erhält man sogenannte Obersicht oder Aufsicht; liegt dieselbe über dem Horizont, so erhält man sogenannte Untersicht des Körpers. Liegt eine horizontale Fläche in der Ebene des Horizonts, so erscheint sie als Linie, d. h. ihre Breite ist Null; je weiter sie aber vom Horizont entfernt ist, desto breiter wird die Ober= oder Untersicht.

2. Die mittelbare Bestimmung der Perspective unter Zugrundelegung des geometrischen Grundrisses und des Profils.

§ 17.

Sowie wir bisher aus dem geometrischen Grund= und Aufriß das perspectivische Bild abgeleitet haben, ebenso kann dasselbe mittelst des Grundrisses und Profils bestimmt werden. Wir werden aber dem Profil eine andere Lage geben, als in der Projectionslehre, und zwar eine solche, bei welcher die Projection des Auges im Aufriß und im Profil in einen Punkt zusammenfällt, welcher Punkt, wie schon in den letzten Darstellungen, zugleich als Augenpunkt der Tafel angenommen wird.

Für diejenigen, welche in Auffassung räumlicher Größen noch keine größere Uebung erlangt haben, sei zur Erläuterung noch Folgendes bemerkt.

In der Projectionslehre wurde der Grundriß um die horizontale Achse a b nach unten, das Profil um die vertikale Achse b c nach rechts gedreht, bis alle 3 Ebenen in eine einzige Ebene zu liegen kommen, wie dies Fig. 16 zeigt.

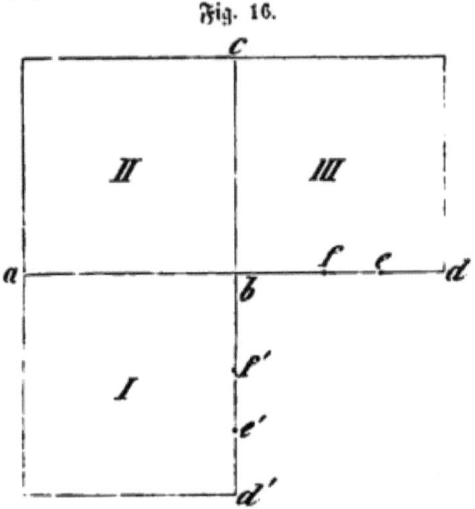

Fig. 16.

Statt die Seitenansicht nach rechts zu drehen, kann man sich dieselbe auch um dieselbe Achse b c nach links gedreht denken; dann folgen die Punkte b f e d mit den dazugehörigen Abständen gerade in umgekehrter Ordnung: von links an gerechnet d e f b. Damit aber nach dieser Drehung die umgeklappte Seitenansicht nicht mit dem Aufriß zusammenfällt, schiebe man dieselbe nach rechts, bis sie außerhalb der Ebene des Aufrisses zu liegen kommt.

In dieser Weise hat man sich Fig. 17 zu denken. Die Abstände auf der vertikalen Achse im Grundriß, vom Durchschnitt mit der horizontalen Achse an bis zu den Punkten 4 3 1 2, N', O', sind auf die horizontale Achse im Profil in umgekehrter Ordnung von rechts nach links überzutragen.

Die Tafel, welche im Grundriß I. durch die Linie M' N', im Profil II. durch die Linie N''' Q''' dargestellt ist, steht auf diesen beiden Projectionsebenen senkrecht, ist also mit dem Aufriß, der bei dieser Darstellung entbehrlich ist, parallel. Die Ebene des Aufrisses wird zur Aufnahme des perspectivischen Bildes III. benutzt.

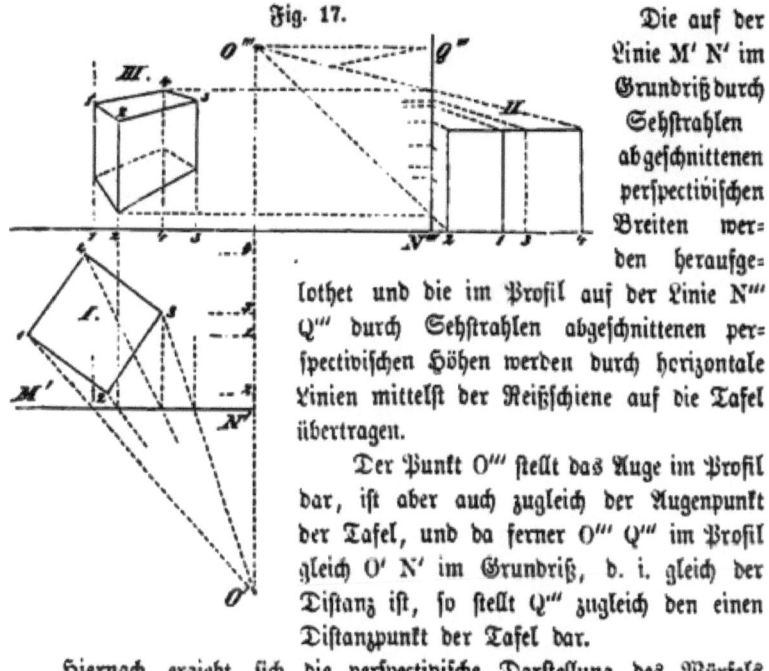

Fig. 17.

Die auf der Linie M' N' im Grundriß durch Sehstrahlen abgeschnittenen perspectivischen Breiten werden heraufgelothet und die im Profil auf der Linie N''' Q''' durch Sehstrahlen abgeschnittenen perspectivischen Höhen werden durch horizontale Linien mittelst der Reißschiene auf die Tafel übertragen.

Der Punkt O''' stellt das Auge im Profil dar, ist aber auch zugleich der Augenpunkt der Tafel, und da ferner O''' Q''' im Profil gleich O' N' im Grundriß, d. i. gleich der Distanz ist, so stellt Q''' zugleich den einen Distanzpunkt der Tafel dar.

Hiernach ergiebt sich die perspectivische Darstellung des Würfels Fig. 17 von selbst, sowie auch jeder andere geometrisch gegebene Körper nach dieser Methode leicht in Perspective zu setzen ist.

§ 18.

Es wird später gezeigt werden und ist jetzt schon darauf aufmerksam zu machen, daß bei der Wahl der Distanz unter ein gewisses Maß nicht herabgegangen werden darf, da das Bild sonst nach dem Rande zu ein widernatürliches Aussehen erhält, obgleich es im Uebrigen mathematisch richtig dargestellt sein kann. Denkt man sich das perspectivische Bild in ein

Rechteck eingeschlossen, so kann als passendes Mittelmaß der Distanz die Diagonale dieses Rechtecks angesehen werden. Dann muß also bei den bisher angewandten Methoden die Projection des Auges in Grundriß, Aufriß oder Profil um die angegebene Größe von der Projection der Tafel abstehen; in Folge dessen erfordern diese Darstellungen, wenn ein größerer Maßstab angewendet wird, einen sehr großen Raum, der überdies zum Theil unbenutzt bleibt, wenn die Sehstrahlen selbst nicht mehr gezogen, sondern nur ihre Durchschnitte mit der Tafel angedeutet werden. Es mag daher bei den Uebungen auf dem Reißbrete, um nicht einen großen Theil des aufgespannten Bogens unbenutzt zu lassen, gestattet werden, daß der Grundriß des Auges der einen Figur in die Nähe einer unterhalb befindlichen anderen Figur oder zwischen zwei andere Figuren fällt.

Man kann auch etwas an Raum ersparen, wenn man nicht, wie es bisher geschehen, den Grundriß unterhalb der Tafel, sondern oberhalb derselben darstellt: dann kann zur Darstellung der Distanz in Grundriß die Ausdehnung der perspectivischen Tafel mit verwendet werden.

Verlegt man in diesem Falle den Grundriß des Auges auf die Grundlinie der Tafel, deren Verlängerung wie bisher als horizontale Achse des Profils anzunehmen ist, dann kann man auf letztere die Breiten aus dem Grundriß durch Kreisbogen, die man von O' aus schlägt, übertragen. Statt dieser Darstellung, welche im Uebrigen mit der in Fig. 17 angewendeten vollständig übereinstimmt, nur daß der Grundriß oberhalb der Tafel liegt, kann für Uebungen auf dem Reißbret die folgende sehr empfohlen werden.

§ 19.

Um den Raum für die Distanz im Grundriß zu ersparen, verlege man den Grundriß des Auges auf den nach hinten verlängerten Grundriß, der nach dem Umklappen der drei Projectionsebenen (Fig. 16) mit der Ebene des Aufrisses und Profils zusammenfällt. Man kann dann den Punkt O''', welcher wie bisher den Augenpunkt der Tafel und das Auge im Profil darstellt, zugleich als den Punkt annehmen, welcher das Auge in dem nach hinten verlängerten Grundriß darstellt. Tafel $M' N'$ im Grundriß (Fig. 18) muß dann, wie immer, zwischen dem Grundriß des Körpers 1 2 3 4 5 6 und dem Grundriß O''' des Auges zu liegen kommen, also oberhalb des Grundrisses des Körpers, während (Fig. 17) die Tafel M' N' im Grundriß unterhalb des Grundrisses des Körpers liegen mußte.

Die Distanz im Profil O''' Q' wird durch einen von O''' aus zu schlagenden Kreisbogen, dessen Radius gleich der Distanz im Grundriß

Fig. 18.

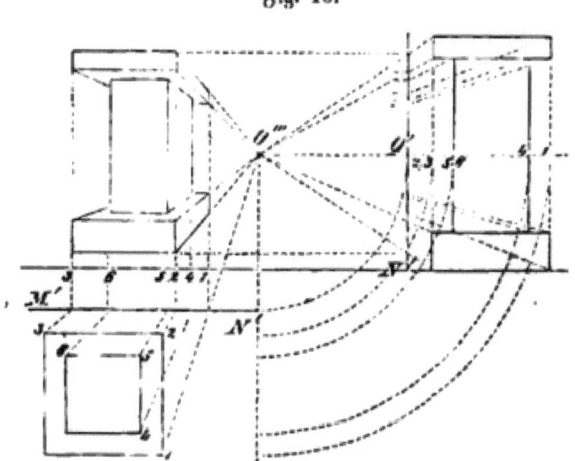

O''' N' ist, aus dem Grundriß ins Profil übertragen, sowie auch die übrigen geometrischen Breiten in gleicher Weise aus dem Grundriß ins Profil übertragen werden können.

Zeichnen wir, wie bisher, die perspectivische Ansicht gleich über den Grundriß, indem wir die perspectivischen Breiten durch Lothe von M' N' auf die Grundlinie der Tafel übertragen, während die perspectivischen Höhen durch Horizontallinien aus dem Profil in dieselbe übertragen werden, so ergiebt sich der Punkt O''' zugleich als Augenpunkt der Tafel, der Punkt Q' als der eine Distanzpunkt.

Hiernach hat, wie schon bemerkt, bei gegenwärtiger Darstellung der Punkt O''' eine dreifache Bedeutung: zuerst stellt O''' die Seiten-

anſicht, ſodann den Grundriß des Auges (auf der nach hinten ver=
längerten Seite des Grundriſſes) dar und endlich iſt O''' zugleich der
Augenpunkt der Tafel. Die Abſtände des Punktes O''' von den Projectionen M' N' und N' Q' der Tafel müſſen gleich ſein, O''' N' = O''' Q'.

Es iſt ſelbſtverſtändlich, daß wenn der beſchränkte Raum dazu nöthigt,
man das Profil auch an eine andere Stelle, z. B. an den Rand des Reiß=
bretes zeichnen kann; daß man aber Augenpunkt und Grundriß des Auges
zuſammenfallen läßt, gewährt in vielen Fällen Bequemlichkeiten und macht
eine beträchtliche Raumerſparniß möglich, indem man im Grund=
riß das Auge nicht mehr nach unten anzutragen braucht.

In dieſer Weiſe ſind in Fig. 18 mehrere aufeinanderſtehende Prismen
mit quadratiſcher Grundfläche dargeſtellt.

§ 20.

In Fällen, wo ſich aus dem geometriſchen Grundriß und Profil die
Geſtalt des dargeſtellten Gegenſtandes oder die Lage der zuſammengehörigen
Punkte nicht deutlich erkennen läßt, deute man den Aufriß oder doch die
Theile deſſelben, in Bezug auf welche ein Zweifel ſtattfinden kann, durch
punktirte Linien an irgend einer Stelle neben dem Profil an. In Fig. 19

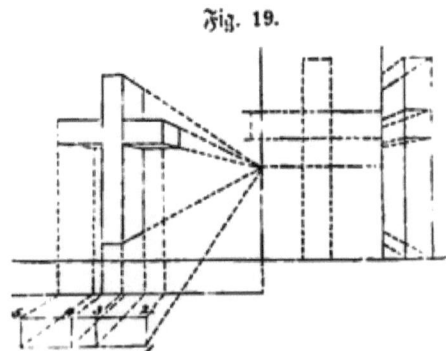

Fig. 19.

iſt die perſpectiviſche Anſicht
eines Kreuzes mit Hülfe des
Grundriſſes und Profils ent=
worfen und der Deutlichkeit
halber der Aufriß neben dem
Profil angedeutet worden.

Iſt eine krumme Linie,
z. B. ein Halbkreis im Grund=
riß und Profil nur durch ge=
rade Linien gegeben, ſo ver=
fahre man in derſelben Weiſe,
indem man in einer Hilfs=
anſicht die Curve in der wahren Größe andeutet. Iſt dieſelbe auf beiden
Seiten ſymmetriſch, wie z. B. ein Halbkreis, ſo nehme man auf beiden

Seiten der Mittellinie a a in gleichen Abständen von derselben mehrere Punkte 1, 2, 3 an, trage deren Projectionen auf den Grundriß und das Profil über und verfahre, wie bisher.

Wenn z. B. Fig. 20 eine Mauer mit einer Vertiefung darstellt, so läßt sich aus Grundriß und Profil nicht entnehmen, ob die Form der Vertiefung ein Rechteck ist, oder ob dieselbe durch einen Bogen geschlossen und

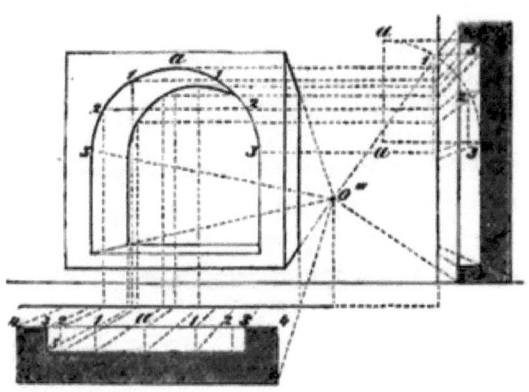

von welcher Form derselbe ist; das letztere ergiebt sich erst aus einer Hilfsansicht. Anstatt letztere, wie es Fig. 19 und 20 geschehen, neben dem Profil anzutragen, könnte man dieselbe auch im Grundriß herabschlagen. Im Uebrigen wird in Bezug auf die Construction von Fig. 20 kaum noch eine erklärende Bemerkung nöthig sein.

§ 21.

Wir haben in der Projectionslehre die verschiedenen Ansichten immer nach einer bestimmten Regel nebeneinander gezeichnet und haben dieses Verfahren, wenn auch mit mannigfachen, durch das Streben nach Raumersparniß hervorgerufenen Abänderungen bei den bisherigen perspectivischen Darstellungen beibehalten. Sowie aber schon in der Projectionslehre angeführt wurde, daß bei der Darstellung größerer Gegenstände die einzelnen

Ansichten auf verschiedene Blätter gezeichnet werden, so kann dies auch bei perspectivischen Darstellungen geschehen. Oft zeichnet man den Grundriß auf ein besonderes Blatt, heftet dasselbe auf ein Reißbret und an der Stelle der als gerade Linie M' N' erscheinenden Tafel, klebt man einen Papierstreifen auf, auf welchem man mittelst der Reißschiene die perspectivischen Breiten in der bisherigen Weise überträgt; ebenso kann mit dem Profil verfahren werden; doch werden wir später zeigen, daß durch andere Methoden die perspectivischen Breiten und Höhen in vielen Fällen auf kürzerem Wege und sicherer bestimmt werden können. Bevor wir jedoch auf diese Methoden eingehen, werden wir einige Bemerkungen über die Wahl des Standpunktes vorausschicken.

Aufgabe. Die zuletzt dargestellten Figuren sind auf dem Reißbret in größerem Maßstabe auszuführen; ferner sind einige andere Körper oder Körperverbindungen nach dieser Methode perspectivisch darzustellen.

Dabei ist die Augendistanz größer anzunehmen, als wir dieselbe in einzelnen Fällen, des beschränkten Raumes halber, angenommen haben. Vergl. § 18.

§ 22.
Wahl des Standpunktes.

Ein sehr wichtiger Umstand ist bei perspectivischen Darstellungen die Wahl des Standpunktes. Während bei der geometrischen Darstellungsweise der vornehmste Zweck ist, die Gegenstände so darzustellen, wie sie wirklich sind und alle Formen und Größenverhältnisse in der Zeichnung deutlich und genau anzugeben, so ist der erste Zweck der Perspective, die Gegenstände so darzustellen, wie sie in ihren Formen und Verhältnissen, von einem gewissen Standpunkte aus betrachtet, uns erscheinen.

Steht dem Zeichner die Wahl des Standpunktes frei, so kommt sehr viel auf eine glückliche Wahl desselben an; denn bei einem ungünstig gewählten Standpunkte wird ein sonst mathematisch ausgeführtes Bild doch einen unvortheilhaften Eindruck machen; es können unwichtige Objecte in den Vordergrund treten und dominiren, während wichtigere Objecte zurücktreten oder gar verdeckt werden; es kann ferner in Folge des ungünstig ge=

wählten Standpunktes die Ansicht ein steifes oder, wie man sagt, unmalerisches Ansehen erhalten, was z. B. der Fall sein wird, wenn die Seiten a b und b c eines Gegenstandes mit quadratischer oder rechteckiger Grundfläche, etwa eines Gebäudes, unter gleichem Sehwinkel erscheinen. Daher zeichnen Decorationsmaler vor Beginn der eigentlichen Arbeit den Grundriß auf ein besonderes Blatt Papier, legen dies auf das bespannte Reißbret und verschieben den Grundriß so lange gegen die vorgelegte Reißschiene, bis sie die vortheilhafteste Ansicht gewonnen haben.

Wird der Grundriß in dieser Lage festgeheftet, so kann derselbe gleich benutzt werden, um die perspectivischen Breiten zu erhalten, indem man den Grundriß der Tafel durch einen angehefteten Papierstreifen darstellt, und durch, mit der Reißschiene gezogene Sehstrahlen die perspectivischen Breiten auf den Papierstreifen, den man an die spätere Grundlinie der Tafel anheftet, überträgt.

Will man in diesem Falle die Ordinaten oder die perspectivischen Höhen ebenfalls nach der bisherigen Methode bestimmen, so darf man nur den Aufriß an einer andern Stelle auftragen, die perspectivische Tafel und den Aufriß des Gesichtspunktes in derselben Lage daneben darstellen, so werden durch Sehlinien die Höhen oder die Ordinaten, wie bisher, auf der Projection der Tafel abgeschnitten, was ebenfalls auf einem Papierstreifen geschehen könnte.

Was die Höhe des Auges anlangt, so ergiebt sich dieselbe in dem Falle von selbst, wenn die Gegenstände auf einer horizontalen Ebene sich befinden und man diese Ebene als Grundebene annimmt. Die Höhe des Auges A O ist dann der Größe des Beobachters entsprechend, also etwa $5\frac{1}{2}$ Fuß. Bei architektonischen Gegenständen macht man häufig diese Annahme, während bei Landschaften u. s. w. der Zeichner sich einen Standpunkt von beliebiger Höhe aufsucht, wenn derselbe nur eine günstige Uebersicht gewährt.

§ 23.

Endlich ist noch die Entfernung des Standpunktes von der Tafel oder die Distanz im Vergleich zur Ausdehnung des Bildes von Wichtigkeit. Sind a und b (Fig. 21) die äußersten Gegenstände in der

Breitenrichtung, welche auf der Bildebene M N noch dargestellt werden sollen, so muß der Gesichtspunkt O weit genug von denselben abstehen,

Fig. 21.

einmal, damit ein näher gelegener Gegenstand c nicht zu unverhältnißmäßig groß gegen die weiter zurückliegenden erscheint, sodann damit der Gesichtswinkel a O b nicht zu groß wird, weil sonst das Bild an den Rändern verzerrt aussehen würde. Es soll nämlich nicht mehr auf die Tafel gezeichnet werden, als was man mit einem Blick in der Natur übersehen kann.

Wenn wir einen Gegenstand in der Natur ins Auge fassen und genauer betrachten, so werden wir von andern in einiger Entfernung davon befindlichen Gegenständen gar keinen oder doch nur einen unbestimmten Eindruck erhalten. Sieht z. B. das Auge scharf nach rechts, so wird es nach hinten und nach links gar nichts sehen und in der Richtung gerade aus nur verschwommene Eindrücke erhalten. So können wir bei großem Format keine Zeile auf einen Blick so übersehen, daß wir sie lesen könnten; wir müssen das Auge oder den Kopf, während wir längere Zeit lesen, fortwährend wenden und die Augenachsen um so schärfer nach den zu lesenden Worten richten, je kleiner die Schrift ist.

Wenn wir dagegen einen Blick auf eine Landschaft werfen und uns dabei nicht mit einem einzelnen Gegenstande beschäftigen, der unsere Aufmerksamkeit so in Anspruch nimmt, als wenn wir ein Wort in kleiner Schrift lesen, so ist der **Sehkreis** ein größerer. Ein solcher Sehkreis, der ein kegelförmiger Raum ist, da in die kreisrunde Pupille des Auges von allen Seiten Strahlen eintreten können, ist es, der **höchstens auf einem perspectivischen Bilde dargestellt werden darf**.

§ 24.
Größe der Augendistanz.

Welchem Sehwinkel ein Sehkreis, den wir auf einen Blick übersehen können, entspricht, darüber stimmen die Ansichten nicht ganz überein.

Eytelwein giebt als Maximum dieses Winkels 90° an; dann dürfte die

Augendistanz $v \gamma$ (Fig. 21, nicht kleiner sein, als die halbe Breite der Tafel $\epsilon \gamma$ oder $\beta \gamma$.

Andere nehmen dieses Maximum viel kleiner an; indem dasselbe dem Winkel entsprechen müsse, welchen man beim Durchsehen durch ein Diopter als Sehwinkel erhält; dieser Winkel soll 40° betragen. Bei inneren Ansichten geht man weiter und etwa bis 60°.

Steiner setzt nach vielen von ihm selbst angestellten Versuchen das Maximum des Sehwinkels auf 53° fest, wonach bei einer quadratischen Tafel auf die Diagonale 53°, auf die Seite etwa 40° zu rechnen wäre.

Schließt man hiernach auf das Verhältniß, welches zwischen der Augendistanz und den Dimensionen des Bildes stattfinden muß, so kann man sagen, daß als kürzestes Maß der Augendistanz die halbe Breite der Tafel angesehen werden kann; doch wird man, um ein gut angeordnetes Bild zu erhalten, nicht bis zu dieser äußersten Grenze gehen. Als größtes Maß der Distanz kann man die dreifache Breite des Bildes ansehen, während als passendes Mittelmaß das ein- bis ein und halbfache der Grundlinie oder auch die Größe der Diagonale des Rechtecks, welches das Bild umschließt, zu empfehlen ist. Bei Gebäuden zeichnet man einen Theil der Umgebung mit und ist es natürlich, bei Bestimmung des Sehwinkels die ganze Breite des Bildes zu berücksichtigen.

Wir haben bei unseren Figuren, wegen beschränkten Raumes, vorstehende Regeln nicht immer beobachten können; bei den Uebungen auf dem Reißbrete muß dies aber geschehen.

3. Allgemeine Sätze über die Perspective der Linien, welche zu Abkürzungen des bisherigen Verfahrens führen.

§ 25.

Wir haben bis jetzt die Perspectiven von Punkten dadurch bestimmt, daß wir deren Projectionen (§ 9 u. ff. Grund- und Aufriß, § 17 u. ff. Grundriß und Profil) mit den Projectionen des Auges und der perspectivischen Tafel in Verbindung brachten, die Projectionen der Sehstrahlen zogen und deren Durchschnitte mit den Projectionen der Tafel bestimmten, wodurch sich die perspectivischen Coordinaten und damit die Perspectiven der entsprechenden Punkte ergaben.

Diese Methode schien uns den naturgemäßesten Uebergang von den orthogonalen Projectionen zu den perspectivischen Darstellungen zu bilden, ohne daß wir damit, daß diese Methode an die Spitze gestellt wurde, derselben einen Vorzug vor andern Methoden einräumen wollten.

In der That wird auch diese Methode selten in der angegebenen Weise für alle Punkte angewendet, und wenn wir dennoch empfohlen haben, eine Anzahl von Beispielen nach derselben auszuführen, so geschah dies hauptsächlich, um vorerst den Sinn für perspectivische Darstellungen zu wecken und zu üben.

Vorausgesetzt, daß dies geschehen, gehen wir nun auf andere Methoden, die Perspective von Punkten und Linien zu bestimmen, über.

§ 26.
Von den Parallellinien und deren Verschwindungspunkten.

Nachdem wir bereits § 10 und 11 einige Sätze über die perspectivische Lage und Größe gerader Linien aufgestellt haben, knüpfen wir an das dort Gesagte wieder an, um die Lehre von den Parallellinien und deren Verschwindungspunkten zu behandeln.

Nach § 11, 5 sind die Perspectiven gerader Linien dann parallel, wenn die Linien im Raume unter sich und mit der Tafel parallel sind.

Dies ist aber der einzige Fall, in welchem die Perspectiven paralleler Linien parallel sind; in jedem andern Falle schneiden sich dieselben, und zwar hat, wie wir zeigen werden, jedes System von Parallellinien einen gemeinsamen Durchschnittspunkt ihrer Perspectiven. Wir wollen zuerst diese Thatsache aus der Erfahrung ableiten und später die mathematische Begründung daran knüpfen.

Man bemerkt in der Natur unzählige Male, daß der Abstand paralleler Linien um so kleiner erscheint, je weiter derselbe vom Auge entfernt ist. Wenn wir z. B. am Anfang einer sehr langen, geraden Straße, an deren Ende sich ein Thor befindet, stehen, so erscheint uns dessen Oeffnung verhältnißmäßig sehr klein, die Straße erscheint in dessen Nähe sehr schmal und die Häuser erscheinen weit niedriger, als sie wirklich sind. Die geometrisch parallelen Grenzen der Straße längs der beiden Häuserreihen erscheinen convergent und würden sich scheinbar schneiden, wenn das Ende der Straße vom Auge weit genug entfernt wäre.

§ 27.

Nehmen wir den Begriff des Punktes nicht mathematisch, sondern physisch, so ist keineswegs eine unendlich große Entfernung nöthig, damit eine Linie als ein Punkt erscheint. Man nimmt an, daß für ein gewöhnliches Auge ein Gegenstand bei mäßiger Beleuchtung verschwindet, oder als ein Punkt erscheint, wenn der Sehwinkel 30 bis 40 Secunden oder $1/_{120}$ bis $1/_{90}$ Grad beträgt; es sei denn, daß die Umstände sehr günstig sind, daß etwa ein sehr lichtstarker Gegenstand einen sehr dunkeln Hintergrund hat, wie dies z. B. bei Fixsternen in sehr dunkeln Nächten der Fall ist, wo wir noch bei einem Sehwinkel von weniger als einer Secunde einen Lichtreiz erhalten, der den Eindruck eines leuchtenden Punktes macht.

Bleiben wir aber bei gewöhnlichen, irdischen Objecten stehen, so wird ein Gegenstand, dessen größte Ausdehnung eine Elle beträgt, schon in einer Entfernung von 7293 Ellen als Punkt erscheinen, wenn die Grenze der Sichtbarkeit 30 Secunden, oder in einer Entfernung von 5157 Ellen, wenn die Grenze der Sichtbarkeit 40 Secunden ist.

Daher können wir bei sehr entfernten Wäldern, Wiesen, Getreidefeldern u. s. w. die einzelnen Objecte nicht mehr von einander unterscheiden; dieselben erscheinen uns vielmehr als eine einzige zusammenhängende Masse.

Wenn wir am Anfang einer geraden Straße oder Allee stehen, welche 5000 bis 6000 Mal so lang als breit ist, so scheinen am andern Ende die Häuser- oder Baumreihen in einen Punkt zusammenzulaufen.

Da nun die Perspective die Objecte so darzustellen hat, wie sie uns erscheinen, da wir ferner gezeigt haben, daß die Perspectiven von geraden

Linien wieder gerade Linien sind, so werden daher auf der perspectivischen Tafel die vier geraden Linien, welche längs einer Allee die Fußpunkte und die Gipfel der Baumreihen verbinden, so darzustellen sein, daß sie sich in einem Punkte schneiden, obwohl sie geometrisch parallel sind.

Sowie in den angeführten Beispielen, so werden auch in andern Fällen geometrisch parallele Linien sich bei hinreichend großem Abstande vom Auge scheinbar in einem Punkte schneiden. Daher müssen auch deren Perspectiven — mit Ausnahme des § 11, 5 gedachten Falles — sich in einem entsprechenden Punkte der Tafel schneiden. Dieser Punkt wird der Verschwindungs- oder Vereinigungs- oder Vertiefungspunkt, oft auch der Fluchtpunkt genannt. Selbstverständlich muß jedes System von Parallellinien auch einen besonderen Verschwindungspunkt haben. Der Augenpunkt und die Distanzpunkte sind besondere Fälle der Verschwindungspunkte.

§ 28.

Der zu einem System von Parallellinien a b, c d … gehörige Verschwindungspunkt liegt auf der Linie o v, welche man sich durch das Auge o parallel mit a b, c d.. gezogen denkt. Die Linie o v heißt der Verschwindungsstrahl.

Fig. 22.

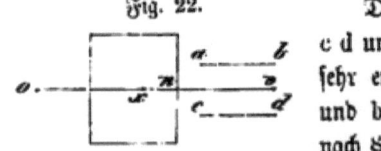

Denn denkt man sich auf den Linien a b, c d und o v die Punkte b, d und v vom Auge sehr entfernt, so daß die Abstände b v, v d und b d gleichzeitig in v verschwinden, was nach § 27 der Fall sein wird, wenn die Sehwinkel b o v, d o v und b o d nicht größer als 30 bis 40 Secunden sind, so kann dies allgemein nur der Fall sein, wenn o v ∥ a b ∥ c d ist.

Denn wenn o v mit a b oder c d einen Winkel bildete, der größer als 30 bis 40 Secunden ist, so würden die perspectivischen Abstände dieser Linien, auch bei großer Entfernung von der Tafel nach § 27 noch eine meßbare Größe, also kein Punkt sein. Sind dagegen die Linien a b, o v, c d parallel, so wird deren perspectivischer Abstand immer kleiner, je weiter sich dieselben von der Tafel entfernen, und wenn ihr geometrischer Abstand

1 Elle beträgt, so wird ihr perspectivischer Abstand bei einer Entfernung von 5000 bis 7000 Ellen schon bis zu einem Punkt herabsinken. Dieser Punkt ist der Verschwindungspunkt für die parallelen Linien a b und c d. Derselbe erscheint vom Auge gesehen auf der Linie o v, welche mit a b und c d parallel ist. Daher ist o v der zu a b und c d gehörige Verschwindungsstrahl und dessen Durchschnittspunkt x mit der Tafel ist der Verschwindungspunkt auf der Tafel.

§ 29.

Wir geben im Folgenden noch eine andere Ableitung der Theorie der Verschwindungspunkte, welche wir auf folgende leicht zu erweisende Sätze der Stereometrie gründen.

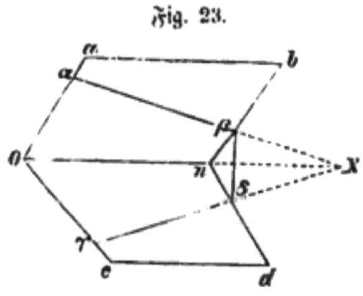

Fig. 23.

1) Wenn drei Ebenen a b o n, c d o n, α γ δ β (Fig. 23) sich in den Kanten α β, γ δ, o n schneiden, so müssen diese 3 Kanten entweder in einem Punkte x zusammentreffen oder sie müssen alle drei parallel sein (dreiseitiger pyramidaler oder prismatischer Raum).

2) Wenn daher in zwei sich schneidenden Ebenen (Fig. 24) die Linien b a und d c parallel gezogen werden, so müssen dieselben auch mit der den Ebenen gemeinsamen Kante m n parallel sein.

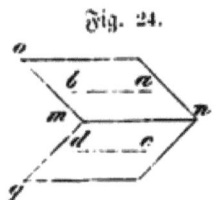

Fig. 24.

Denn legt man durch die Parallelen b a und c d eine Ebene, so hat man wie unter 1 drei sich schneidende Ebenen, deren Kanten sich entweder in einem Punkte schneiden oder alle drei parallel sein müssen.

3) Denkt man sich nun statt der beliebigen Ebenen unter 1 und 2 ein paar vom Auge o ausgehende, durch zwei parallele

Linien a b und c d gelegte Strahlenebenen (Fig. 25), welche sich in der Kante o v schneiden, so muß o v parallel den Linien a b und c d sein; denn a b und c d sind zwei in den Ebenen a b o v und c d o v liegende parallele Linien, also müssen dieselben nach 2. mit o v parallel sein, da sich außerdem nach 1. alle drei Linien in einem Punkte schneiden müßten.

4) Wenn die unter 3. erzeugten Strahlenebenen o a b und o c d die Tafel in α β und γ δ schneiden, so sind α β und γ δ die Perspectiven von a b und c d.

Demnach hat man, wie unter 1. drei sich schneidende Ebenen: die beiden Strahlenebenen, welche sich nach 3. in o v schneiden und die perspectivische Tafel, welche die Strahlenebenen in α β und γ δ schneiden.

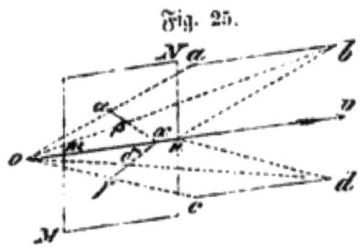

Fig. 25.

In Bezug auf diese drei Durchschnittskanten konnten nach 1. nur zwei Fälle stattfinden: entweder sie schneiden sich in einem Punkt x (Fig. 25) oder sie sind parallel.

Im letzteren Falle sind also α β, γ δ und o v parallel als die Kanten dreier sich schneidenden Ebenen (der Strahlenebenen unter sich in o v und mit der Tafel in α β und γ δ); es sind aber auch a b, c d und o v parallel nach 2.; daher müssen auch die Perspectiven α β und γ δ mit den dazu gehörigen Linien im Raume a b und c d parallel sein (da sie sämmtlich mit o v parallel sind). Der letztere Fall kann aber nur eintreten, wenn die Linien im Raume mit der Tafel parallel sind (§ 11).

In jedem andern Falle werden sich aber α β, γ δ und o v in einem Punkt x der Tafel scheiden. Daher werden die Perspectiven zweier Parallellinien im Raume, welche nicht mit der Tafel parallel sind, einen Verschwindungspunkt x haben und dieser liegt auf dem durch das Auge gelegten und mit den Linien a b und c d im Raume parallelen Verschwindungsstrahl o v.

§ 30.

Die in § 29 für zwei Parallellinien erwiesene Behauptung kann auf ein ganzes System von Parallellinien übertragen werden.

Denn wenn ein System von Parallellinien a b, c d, e f . . ., nicht mit der Tafel parallel ist, so müssen sich nach § 29 zuerst die Perspectiven von a b und c d mit dem Verschwindungsstrahl o v in einem Punkte x schneiden; ebenso müssen sich nach § 29 die Perspectiven von a b und e f mit dem Verschwindungsstrahl o v in einem Punkte schneiden; dies muß aber derselbe Punkt x sein, da im ersten, wie im zweiten Fall dieser Punkt der Perspective von a b (α β) und dem Verschwindungsstrahl o v gemeinschaftlich ist; dasselbe gilt auch von a b und einer vierten, fünften Parallellinie u. s. w.

Wenn daher ein System von Parallellinien nicht mit der Tafel parallel ist, so haben deren Perspectiven einen gemeinschaftlichen Verschwindungspunkt, welcher auf dem durch das Auge o gezogenen und mit dem System im Raume parallelen Verschwindungsstrahl o v liegt.

§ 31.
Methode des Verschwindungspunktes.

Kennt man für ein System von Parallellinien a a', b b', c c' . . . (Fig. 26) den Verschwindungspunkt x, so ist x der geometrische Ort, durch welchen deren Perspectiven α α', β β', . . . gehen müssen.

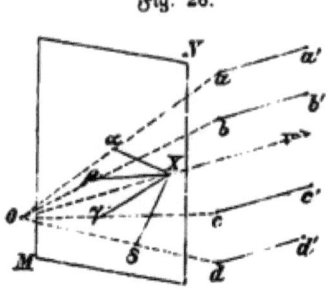

Fig. 26.

Ist außer diesem Punkte x für jede Linie des Systems die Perspective eines zweiten Punktes α, β, γ . . . bekannt, so sind die Perspectiven sämmtlicher Linien, wenigstens ihrer Richtung nach durch die Geraden α x, β x, γ x . . . bestimmt.

Nun kann ein Punkt α als der Durchschnitt zweier beliebiger Geraden betrachtet werden; wählt man hierzu zwei Gerade, deren Richtungen auf der

Tafel ebenfalls mit Hilfe von Verschwindungspunkten bestimmt werden können, so lassen sich nach dieser Methode, welche man die Methode der Verschwindungspunkte nennen kann, die Perspectiven von beliebigen Punkten und Linien ermitteln.

Bevor wir darauf näher eingehen, wollen wir erst einige wichtige specielle Fälle über die Lage der Verschwindungspunkte vorausschicken.

§ 32.
Verschwindungspunkte horizontaler Linien.

1) Der Verschwindungspunkt für alle horizontalen Linien fällt in den Horizont H H'; gleichviel ob die Linien im Raume hoch oder niedrig, ob sie über oder unter dem Horizont liegen.

Denn da der Verschwindungsstrahl o v eine durch das Auge o gehende, mit dem System von Parallellinien parallele Linie ist, das System aber aus horizontalen Linien besteht, so muß auch der Verschwindungsstrahl eine horizontale Linie sein, welche in der durch das Auge o gehenden Horizontalebene liegt. Die letztere hat aber mit der Tafel nur den Horizont H H' gemein, daher müssen alle horizontalen Verschwindungsstrahlen die Tafel im Horizont treffen und die Verschwindungspunkte aller horizontalen Linien liegen demnach im Horizont der Tafel.

2) Der Verschwindungspunkt aller auf der Tafel senkrechten Linien ist der Hauptpunkt oder der Augenpunkt der Tafel.

Denn da der von o aus mit dem System von Linien parallel gezogene Verschwindungsstrahl in diesem Falle ebenfalls senkrecht auf der Tafel stehen muß, so ist dessen Fußpunkt die Projection des Auges auf die Tafel, welche nach § 7 der Haupt= oder Augenpunkt genannt wird.

3) Der Verschwindungspunkt aller horizontalen Linien, welche mit der Tafel einen Winkel von 45° bilden, ist einer der beiden Distanzpunkte D oder D'.

Denn zuerst muß, da horizontale Linien vorausgesetzt sind, nach 1) der Verschwindungspunkt im Horizont H H' liegen. Bildet nun eine horizontale Linie a b mit der Tafel einen Winkel von 45°, so muß der mit derselben parallele Verschwindungsstrahl O D mit dem Horizont ebenfalls einen Winkel von 45° bilden. Daher entsteht ein gleichschenklig rechtwinkliges △ o D O, welches wir uns (Fig. 27) herabgeschlagen denken. In demselben ist die Distanz o O im Raume gleich der Distanz o D auf dem Horizont; daher hat der auf dem Horizont liegende Verschwindungspunkt D vom Augenpunkt o dieselbe Entfernung, wie der letztere vom Auge O; es fällt demnach der Verschwindungspunkt für horizontale und gegen die Tafel unter 45° geneigte Linien mit dem § 7 definirten Distanzpunkt zusammen.

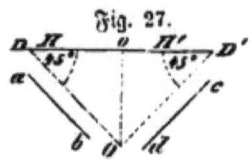

Fig. 27.

Zusatz. Wenn eine Horizontallinie c d, welche von O aus betrachtet, nach der andern Seite der Tafel gerichtet ist, mit derselben ebenfalls einen Winkel von 45° bildet, so ist deren Verschwindungspunkt der zweite Distanzpunkt D'.

4) Horizontale Linien, welche mit der Tafel parallel sind, haben keinen Verschwindungspunkt, oder wie man auch sagt, derselbe liegt in unendlicher Entfernung. Daher sind nach §. 11, 3 die Perspectiven aller mit der Tafel parallelen Horizontallinien mit der Grundlinien oder mit dem Horizont der Tafel parallel, also horizontal.

5) Die Verschwindungspunkte von Horizontallinien, welche nicht zu den 2, 3 oder 4 genannten besondern Fällen gehören, liegen auf irgend einem Punkte des Horizonts. Die Perspectiven derselben verlieren sich also nach einem zufälligen, auf dem Horizont gelegenen Punkt. Solche Punkte nennt man — zur Unterscheidung vom Augenpunkte und den Distanzpunkten — Accidentalpunkte oder zufällige Verschwindungspunkte.

§ 33.
Verschwindungspunkte beliebiger Linien.

Der Verschwindungspunkt einer nicht horizontalen Linie liegt entweder über oder unter dem Horizont, je nachdem der durch das Auge parallel mit der Linie gezogene Verschwindungsstrahl die Tafel über oder unter dem Horizont schneidet. Verschwindungspunkte, welche über dem Horizont liegen, werden Luftpunkte, solche, welche unter dem Horizont liegen, Erdpunkte genannt.

Je spitzer der Winkel ist, den eine Linie mit der Tafel bildet, desto weiter entfernt liegt deren Verschwindungspunkt von den bisher angenommenen Grenzen der Tafel. Ist dieser Winkel gleich Null, d. h. ist die Linie mit der Tafel parallel, so liegt der Verschwindungspunkt unendlich weit entfernt.

Zwei besonders wichtige Fälle dieser Art bilden die horizontalen und vertikalen Linien; letztere erscheinen nach § 11, 2 in allen Fällen auch in der perspectivischen Tafel als vertikale Linien, erstere erscheinen nur dann als horizontale Linie, wenn sie mit der Tafel parallel sind. (§ 11, 3.)

§ 34.
Bestimmung der Distanz- und Verschwindungspunkte.

Die vorstehenden Sätze werden für ganze Systeme von Linien neue Methoden darbieten, um deren Perspectiven oder auch die Perspectiven von Punkten, welche auf solchen Linien liegen, zu bestimmen.

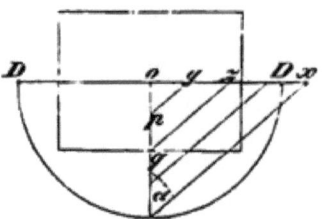
Fig. 28.

Am meisten werden hierzu der Augenpunkt und die Distanzpunkte benutzt. Wenn man im Augenpunkt o eine Senkrechte gleich der Augendistanz auf dem Horizont errichtet und dieselbe herabschlägt = o Q, so nennt man Q den Grundpunkt. Beschreibt man mit o Q von o aus einen Halbkreis, so liegen auf diesem die beiden Distanzpunkte D, D'.

Soll für ein System von horizontalen Parallellinien, welche weder senkrecht auf der Tafel stehen, noch unter 45⁰ gegen dieselbe geneigt sind, sondern einen beliebigen Winkel, z. B. von 40⁰ mit der Tafel bilden, der Verschwindungspunkt, welcher in diesem Falle § 32, 5 ein Accidental= punkt heißt, bestimmt werden, so trage man den Ergänzungswinkel $\alpha = 90 — 40^0 = 50^0$, bei Q an die herabgeschlagene Augendistanz o Q an, so ist der Punkt x, in welchem der zweite Schenkel den Horizont schneidet, der gesuchte Accidentalpunkt. Denn denkt man sich das $\triangle$ o Q x heraufgeschlagen, so daß es in horizontale Lage kommt, so ist Q x eine durch das Auge gehende horizontale Linie, welche mit der Tafel den Winkel $Q x o = 90^0 — o Q x = 40^0$ bildet, ist also parallel mit dem System von Linien in Raume, wie es nach § 27 u. ff. sein soll. Liegt der Punkt Q nicht mehr auf der Zeichnungsebene, so trage man die Hälfte der Distanz = o q auf Q auf, trage den Ergänzungswinkel α = o q z an, so ist o z = z x, woraus sich x ergiebt. Ebenso könnte man $1/4$ oder $3/4$ der Distanz auf o Q auftragen und ebenso verfahren, so würde sich auf dem Horizont $1/4$ oder $3/4$ der Länge o x von o aus ergeben und daraus x finden lassen.

Zusatz. Eine anderweitige Bestimmung des Verschwindungspunktes ist in § 36 enthalten.

§ 35.

Die § 32 über Verschwindungspunkte aufgestellten Sätze gelten für horizontale Linien überhaupt, sie mögen in der Grundebene oder in be= liebiger Höhe über oder unter derselben liegen. Wesentliche Vereinfachung der Construction gewähren aber die Fälle, in welchen die perspectivisch darzustellenden Linien im **geometrischen Grundriß** oder, was gleich= bedeutend ist, in der **perspectivischen Grundebene** liegen, da wir beide zusammenfallend annehmen. Daher werden wir mit der Darstellung des perspectivischen Grundrisses, d. h. mit der Darstellung von Punkten und Linien, welche im geometrischen Grundriß liegen, beginnen.

Dabei machen wir gleich auf einen Umstand aufmerksam, welcher Anfänger oft in Verwirrung bringt, wenn dieselben Belehrung in verschiedenen, ihnen vorliegenden Schriften über Perspective suchen; dieser Umstand betrifft nämlich die gegenseitige Lage des Auges, der Projectionsachse, des geometrischen Grundrisses und der Grundlinie der Tafel, wenn dieselben in der nämlichen Zeichnung zusammenhängend dargestellt werden. Wir wollen deshalb die gewöhnlichsten Lagen hier aufzählen:

I. Wir dachten uns von § 9—16 die Tafel senkrecht auf Grund- und Aufriß, so daß die Tafel im Grundriß und Aufriß als eine auf der Projectionsachse senkrechte Gerade darzustellen war. Diese Lage wird selten angenommen.

II. Fig. 17, § 17 nahmen wir die Tafel parallel mit dem Aufriß, oder, was dasselbe ist, senkrecht auf Grundriß und Profil stehend an, so daß die Tafel im Grundriß als eine mit der Projectionsachse parallele Linie M' N' darzustellen war. Da die Projectionsachse zugleich als Grundlinie der Tafel dient, so kann man bei dieser Lage gleich vom Grundriß der Tafel M' N' auf die ihr parallele Grundlinie die perspectivischen Breiten mittelst der Reißschiene übertragen.

Diese Lage der Tafel gegen die Projectionsebenen ist die gebräuchlichste. Manche stellen dabei den geometrischen Grundriß oberhalb, andere unterhalb der perspectivischen Ansicht dar.

III. Von Fig. 18, § 18 an wurde die Lage II. im Allgemeinen beibehalten, jedoch mit der Abänderung, daß wir uns das Auge über dem nach hinten verlängerten Grundriß, d. h. im zweiten Quadranten dachten, während Tafel und Object im ersten Quadranten verblieben.

In diesem Falle nimmt der Grundriß des Objects die unterste Stelle der Zeichnung ein, darüber liegt der Grundriß der Tafel und über diesem die Grundlinie der Tafel und die Tafel selbst. Der Augenpunkt der Tafel ist zugleich der Grundriß des Auges.

Die Lage III. gewährt den Vortheil der Raumersparniß, wenn man die perspectivischen Breiten unmittelbar durch Sehlinien bestimmen will.

Wir glaubten, auf diese verschiedenen Lagen der Tafel und des Auges gegenüber den geometrischen Ansichten noch einmal aufmerksam machen zu müssen, sowohl weil wir selbst im Folgenden mit den Lagen II. und III. wechseln, als auch weil in den verschiedenen Werken über Perspective entweder der einen oder der andern dieser Lagen der Vorzug gegeben wird, was den Anfänger, der mit diesem Umstande nicht vertraut ist, leicht zu Mißverständnissen verleiten kann.

§ 36.
Bestimmung der Verschwindungspunkte vermittelst des geometrischen Grundrisses.

Was die Bestimmung des Verschwindungspunktes zu einem System von Parallellinien betrifft, so geschieht dieselbe entweder mit Hilfe der herabgeschlagenen Augendistanz nach Fig. 28, § 34, an welche man den Complementswinkel zu demjenigen Winkel anträgt, welchen das System von Parallellinien mit der Tafel bildet. Diese Methode empfiehlt sich bei Darstellungen nach II. § 35.

Fig. 29.

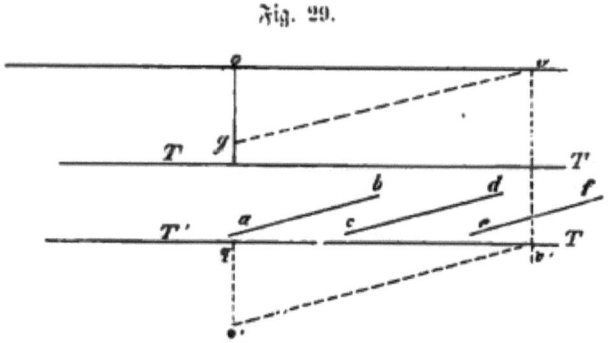

Ist aber der geometrische Grundriß gegeben, so kann man auch so verfahren, daß man den Grundriß des Verschwindungspunktes bestimmt und denselben auf den Horizont der Tafel überträgt. Es sei o' Fig. 29 der Grundriß des Auges, T'T' der Grundriß der Tafel, so ziehe man durch o' zu dem gegebenen System von horizontalen Parallellinien ab, cd, ef, .. die Parallele o'v', so ist o'v' der Grundriß des Verschwindungs=

strahls (§ 28 u. ff.) und dessen Durchschnitt v' mit dem Grundriß der Tafel der Grundriß des Verschwindungspunktes, den man nur durch ein Loth auf den Horizont der Tafel überzutragen braucht, um den Verschwindungspunkt v selbst zu erhalten.

Zusatz 1. Wenn man in der Tafel die Augendistanz o g (= o' q' im Grundriß) herabschlägt und am Grundpunkt g den Winkel o g v (= q' o' v' = 90 — q' v' o' im Grundriß) anträgt, so schneidet der Schenkel g v dieses Winkels den Horizont ebenfalls im Verschwindungspunkt; denn da △ o g v ≅ △ q' o' v' (im Grundriß) ist und da die Punkte o, g, q', o' lothrecht untereinander liegen und o v = q' v' ist, so müssen auch die Punkte v und v' auf derselben lothrechten Geraden liegen. Diese letztere Construction entspricht der in § 34 angegebenen.

Zusatz 2. Statt den Grundriß unterhalb der Tafel anzubringen, wie Fig. 29, wird derselbe, wie schon § 35 bemerkt worden ist, häufig oberhalb der Tafel dargestellt, weil man dann die Augendistanz o g = o' q' weit größer und der § 24 gegebenen Vorschrift entsprechender wählen kann, ohne daß die Figur mehr Raum erfordert.

§ 37.

Bei Darstellungen nach III. § 35 ist das Verfahren ganz analog. Das Auge liegt in diesem Falle über dem verlängerten Grundriß und zwar so, daß der Grundriß des Auges mit dem Augenpunkte O''' zusammenfällt. Man ziehe auch in diesem Falle durch den Grundriß O''' des Auges Fig. 30 eine Parallele zu dem gegebenen System von Parallellinien, so giebt deren Durchschnitt X' mit dem Grundriß der Tafel T' T'' den Grundriß des Verschwindungspunktes, den man nur durch ein Loth auf den Horizont der Tafel überzutragen braucht, um den Verschwindungspunkt X selbst zu erhalten.

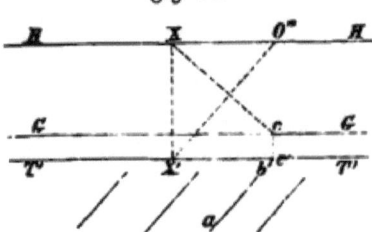
Fig. 30.

Zusatz. Um die Richtung der Perspective einer im Grundriß liegenden Geraden a' b' Fig. 30 zu erhalten, verlängere man a' b' bis zum Durchschnitt c' mit dem Grundriß T' T' der Tafel und trage c' vermittelst eines Lothes auf die Grundlinie der Tafel über. Da nun der erhaltene Punkt c die Perspective des Punktes c' ist und X der Verschwindungspunkt der Geraden a' b' c' ist, so muß c X die Richtung der Perspective der Geraden a' b' c' angeben.

4. Die Bestimmung des perspectivischen Grundrisses mit Hilfe des geometrischen.

Benutzung des Augenpunktes und der Distanzpunkte.

§ 38.

Die allgemeine Methode, die Perspective eines Punktes m mit Hilfe von Verschwindungspunkten zu bestimmen, kann so gefaßt werden, daß man durch m zwei Linien m n und m p zieht und die Richtung der Perspectiven derselben bestimmt, dann ist deren Durchschnitt die Perspective des Punktes m. Wenn durch den Punkt m bereits zwei Linien gehen, für welche sich die Richtung der Perspective leicht bestimmen läßt, so wird man selbstverständlich diese gleich benutzen. Ist dies nicht der Fall, so zieht man gewöhnlich durch m eine auf der Tafel senkrechte Gerade, für welche nach § 32, 2 der Augenpunkt nnd eine gegen die Tafel unter 45° geneigte horizontale Gerade, für welche nach § 32, 3 der eine Distanzpunkt der Verschwindungspunkt ist.

Liegt der Punkt m im Grundriß, so werden diese beiden Hilfslinien, verlängert, die Grundlinie der Tafel schneiden, so daß man dadurch von jeder derselben die Perspective eines Punktes erlangt, während der dazu gehörige Verschwindungspunkt einen zweiten Punkt darbietet, um die perspectivische Richtung der Geraden zu bestimmen.

Zieht man also, Fig. 31, im Grundriß durch m die Gerade m p' auf den Grundriß M' N' der Tafel senkrecht, und m n' gegen M' N' unter 45° geneigt, so sind die lothrecht über p' und n' auf der Grundlinie der Tafel liegenden Punkte p und n die Perspectiven von p' und n'.

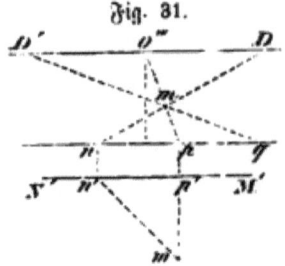

Fig. 31.

Da nun die Perspective von m p' durch den Augenpunkt o''' und die Perspective von m n' durch den Distanzpunkt D geht, so geben p o''' und n D die Richtungen der Perspectiven von m p' und m n' an, mithin ist der Durchschnitt M der ersteren in der Tafel die Perspective vom Durchschnitt der letzteren im Grundriß.

Zusatz 1. Da n p auf der Grundlinie der Tafel gleich n' p' im Grundriß und da ferner n' p' = p' m als Katheten eines gleichschenkelig rechtwinkligen Dreiecks, so kann man auch den Punkt n durch Abtragen von p n = p' n' = p' m finden. Es wird daher künftig nicht nöthig sein, die durch m gedachte Linie m n' wirklich zu ziehen, sondern man darf nur auf der Grundlinie die Länge p n gleich dem Abstand m p des Punktes m von der Tafel abtragen.

Zusatz 2. Denkt man sich durch m eine zweite, unter 45° gegen die Tafel geneigte Linie, so geht dieselbe in der Perspective durch den zweiten Distanzpunkt D'. Man kann dieselbe nach Zusatz 1 finden, indem man p q = p' m macht und D' q zieht.

Zusatz 3. Hiernach hat man für die Perspective m drei geometrische Oerter, nämlich p o''', D n und D' q, die man nach Belieben zur Construction oder zur Controle derselben benutzen kann.

Zusatz 4. Liegt ein Punkt m, Fig. 32, auf der Standlinie oder in einer durch dieselbe gehenden Vertikalebene, so geht diese Ebene durch das Auge und die Mittellinie der Tafel,

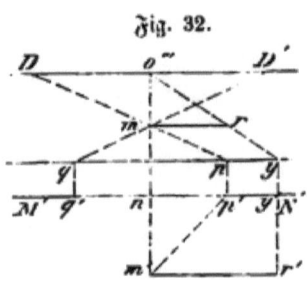

Fig. 32.

mithin liegen die Perspectiven aller in derselben enthaltenen Punkte auf der Mittellinie der Tafel und man braucht daher in diesem Falle nur noch eine Linie, auf welcher die Perspective des verlangten Punktes ebenfalls liegt, z. B. die Linie p D oder q D', welche nach Zusatz 1 und 2 bestimmt werden können.

Geht durch m eine mit der Tafel parallele Horizontallinie m r', so ist deren Perspective nach § 11, 3 ebenfalls horizontal und die Perspective des Punktes r auf dieser Linie läßt sich mit Hilfe des Augenpunktes leicht bestimmen. Dieses Verfahren wird bisweilen benutzt, um die Perspective r eines beliebigen Punktes r' zu bestimmen.

§ 39.

Mit Hilfe des Augenpunktes und der Distanzpunkte läßt sich leicht der Grundriß von Fig. 33 in Perspective setzen. Die Punkte 1, 5 und 4

Fig. 33.

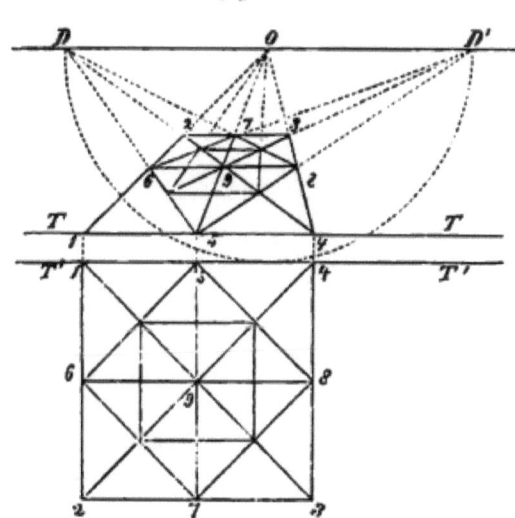

liegen auf der Grundlinie der Tafel und sind also gleich anfangs gegeben; die auf der Tafel senkrechten Geraden 1, 2; 5, 7 und 4, 3 verlieren sich im Augenpunkt und die Diagonalen 1, 3 und 4, 2 in den Distanzpunkten; hierdurch ergeben sich außer den Punkten 1, 5, 4 die Punkte 2, 3 und 9; ferner gehen die Geraden 5 6; 7, 8 und 6, 7; 5, 8 durch die Distanzpunkte, wodurch sämmtliche Punkte bestimmt sind; da überdies 2, 7, 3 und 6, 9, 8 auf je einer horizontalen Geraden liegen und zwei Seiten des inneren Quadrats durch den Augenpunkt gehen, die beiden andern horizontal sind, so läßt sich die Construction auf mehrfache Weise ausführen und controliren.

Aufgaben. Die Perspectiven der folgenden, im geometrischen Grundriß liegenden Linien zu bestimmen:

1) Mehrere in einander gezeichnete Quadrate mit aufeinanderfallenden Diagonalen perspectivisch darzustellen, wenn ein paar Seiten a) auf der Tafel senkrecht stehen; b) mit der Tafel einen Winkel von 45° bilden.

2) Ein regelmäßiges Achteck darzustellen, dessen eines paar Seiten mit der Tafel parallel ist.

3) Die Perspective eines Kreises mit Hilfe eines eingeschriebenen und umschriebenen Quadrats zu construiren.

4) Die Perspective einer Figur in Form eines Kreuzes darzustellen.

Benutzung des Augenpunktes und eines oder mehrerer Verschwindungspunkte.

§ 40.

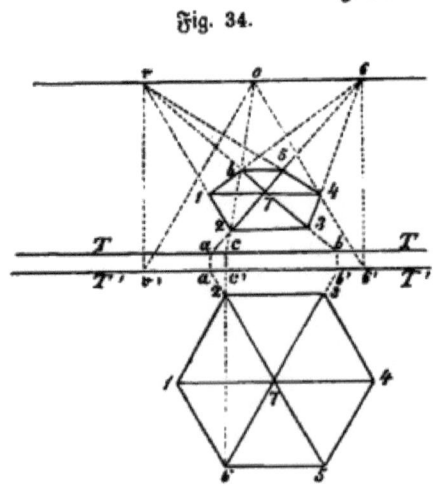

Fig. 34.

Statt der bisher benutzten Distanzpunkte kann man in ganz ähnlicher Weise beliebige Verschwindungspunkte benutzen, was dann geschehen wird, wenn Systeme von Parallellinien vorliegen, welche weder auf der Tafel senkrecht stehen, noch Winkel von 45° mit derselben bilden.

Soll z. B. das Fig. 34 im Grundriß gegebene regelmäßige Sechseck in Perspective gesetzt werden, so bestimme man nach § 37, Fig. 30, zu den Seiten 1, 2; 4, 5 und zur Diagonale 3, 6 den Verschwindungspunkt v, indem man den Grundriß des Verschwindungsstrahls o v' sucht und v' auf den Horizont der Tafel nach v überträgt. In ähnlicher Weise bestimme man zu den Seiten 3, 4; 1, 6 und zur Diagonale 2, 5 den Verschwindungspunkt σ.

Verlängert man im Grundriß die Diagonalen 2, 5 und 3, 6 bis sie den Grundriß der Tafel in a' und b' schneiden und trägt diese Punkte auf die Grundlinie der Tafel nach a und b über, so geben b v und a σ die perspectivische Richtung der Diagonalen 2, 5 und 3, 6 an. Ferner trifft die auf der Tafel senkrechte Gerade 2, 6 die Tafel in c, daher giebt c o die perspectivische Richtung von 2, 6 an; dadurch ergeben sich als Durchschnitte die Perspectiven der Punkte 2 und 6. Daran schließen sich die Horizontalen 6, 5 und 2, 3 an, die von den Diagonalen begrenzt werden. Verbindet man endlich v und σ mit 6 und 2 und mit 5 und 3, so ergeben sich als Durchschnitte die Perspectiven der Punkte 1 und 6.

Daß alle diese Punkte noch auf andere Art hätten bestimmt werden können, ist leicht zu übersehen, indem z. B. 1, 7, 4 auf derselben Horizontalen liegen, 3, 5 durch den Augenpunkt geht u. s. w. Man kann dies benutzen, um die Richtigkeit und Genauigkeit der Construction zu controliren.

Zusatz. Bei Fig. 35 hat man sich nach § 35, II. das Auge im ersten Quadranten (unterhalb des Grundrisses) zu denken. Der Verschwindungspunkt x ist nach § 36 Zusatz 1 (Fig. 29) bestimmt, indem die Augendistanz o g herabgeschlagen und durch den Grundpunkt g eine Parallele g x zu dem System von Parallellinien a b u. s. w. gezogen worden ist.

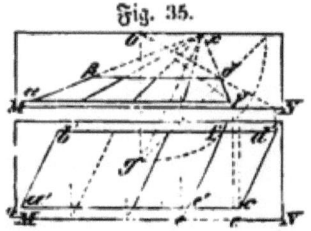
Fig. 35.

Durch Verlängerung der Parallelen bis zur Grundlinie der Tafel M N im Grundriß und durch Heraufloten der Durchschnittspunkte auf die Grundlinie der Tafel erhält man die Perspective je eines Punktes, den man nur mit dem Verschwindungspunkt x zu verbinden braucht, um die perspectivische Richtung

sämmtlicher Parallelen zu erhalten. Wird nun mit Hilfe des Augen=
punktes der Anfangs= und Endpunkt einer derselben, z. B. α und β oder
γ und δ bestimmt, so hat man durch diese Punkte nur zwei Horizontale
zu ziehen, um die Figur zu vollenden.

Aufgaben. Mehrere in einander gezeichnete Quadrate, deren
Seiten schräg gegen die Tafel liegen, mehrere in einander gezeichnete
regelmäßige Vielecke, überhaupt einige Figuren, in welchen eine Anzahl
paralleler Linien enthalten sind, nach einer der vorstehenden Methoden
aus den geometrischen in den perspectivischen Grundriß zu übertragen.

§ 41.

Bei der Darstellung vieler Gegenstände, namentlich der Architektur
kommen oft ganze Reihen parallele Linien vor, bei deren perspectivischer
Darstellung der dazu ge=
hörige Verschwindungs=
punkt außerordentliche Ver=
einfachung gewährt, um=
somehr, wenn dieselben in
einer horizontalen Ebene
liegen, wie dies z. B. bei
Mosaikfußboden u. dergl.
der Fall ist. Fig. 36 stellt
einen einfachen Fall dieser
Art dar. (Grundriß und
Auge nach § 35, III.)

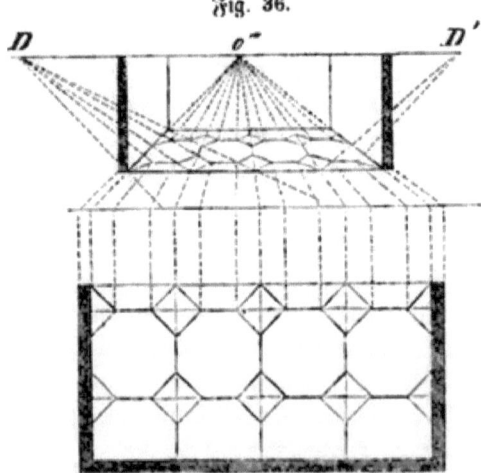

Fig. 36.

Das eine Liniensystem
steht senkrecht auf der Tafel
(Augenpunkt).

Das zweite ist unter 45⁰ gegen die Tafel geneigt (Distanzpunkt).
Das dritte ist parallel mit der Tafel (horizontal).

Bei vorliegender Figur ist, wie dies öfter geschieht, der Grundriß
der Tafel mit der Grundlinie derselben zusammenfallend angenommen
worden.

§ 42.
Vom perspectivischen Winkelmesser.

So lange man es nur mit Horizontallinien zu thun hat, müssen dieselben sämmtlich ihre Verschwindungspunkte im Horizont der Tafel haben, und es müssen nach § 32

1) alle Horizontallinien, deren Perspectiven sich im Horizont in irgend einem Verschwindungspunkte schneiden, im Raume unter sich parallel sein, insbesondere müssen
2) alle Horizontallinien, deren Perspectiven sich im Augenpunkte verlieren, auf der Tafel senkrecht stehen,
3) alle Horizontallinien, deren Perspectiven sich in einem der Distanzpunkte verlieren, müssen mit der Tafel einen Winkel von 45° bilden,
4) alle Horizontallinien, welche sich in demselben Accidentalpunkte verlieren, müssen mit der Tafel einen gleichen Winkel bilden, welcher zwischen 45° und 90° ist, wenn der Accidentalpunkt zwischen dem Auge und einem der Distanzpunkte liegt, welcher dagegen kleiner als 45° ist, wenn der Accidentalpunkt außerhalb dieser Strecken liegt,

wobei es gleichgültig ist, ob die Linien im Raume in der Grundebene selbst oder in beliebiger Höhe über derselben liegen, wenn sie nur horizontal sind.

Sowie man nun überhaupt Linien, welche im Raume parallel sind, perspectivisch parallel nennt, auch wenn ihre Perspectiven sich schneiden, ebenso wie man Linien, welche im Raume gleich sind, perspectivisch gleich nennt, auch wenn ihre Perspectiven ungleiche Länge haben, so wird man, so lange man es nur mit Horizontallinien zu thun hat, die Perspectiven aller der Linien, welche entweder im Augenpunkte oder in einem der Distanzpunkte oder in irgend einem Accidentalpunkte sich schneiden, perspectivisch parallel nennen können, weil sie von Linien herrühren, welche im Raume parallel sind.

In gleicher Weise kann man auch zwei auf der perspectivischen Tafel vorkommende Winkel, welche von gleichen Winkeln im Raume herrühren, perspectivisch gleich nennen, auch wenn ihre Perspectiven ungleich sind.

Da nun die Geometrie beweist, daß Winkel, deren Schenkel parallel und gleich gerichtet sind, gleich sind und da sich mit Hilfe der Verschwindungspunkte leicht Linien darstellen lassen, welche perspectivisch parallel sind, so werden sich vermittelst derselben auch leicht perspectivisch gleiche Winkel oder Winkel von bestimmter Größe construiren lassen.

Auf dieser Bemerkung beruht der sogenannte perspectivische Winkelmesser, der in vielen Fällen die perspectivische Construction sehr vereinfachen kann.

§ 43.

Sei H H' (Fig. 37) der Horizont der Tafel, O der Augenpunkt, Q der Grundpunkt, indem die Augendistanz O Q herabgeschlagen zu denken ist; p r sei ferner parallel mit dem Horizont H H'.

Beschreibt man nun von Q aus den Halbkreis p r und theilt denselben in eine Anzahl, z. B. 18, gleiche Theile, verbindet die Theilpunkte mit Q, so erhält man Winkel von je 10°, die man später, je nach Bedürfniß in kleinere Theile theilen kann.

Verlängert man nun die Schenkel, bis sie den Horizont in den Punkten 10, 20, 30, ... schneiden, so erhält man eine Reihe von Accidentalpunkten, die man zum Antragen von Winkeln von verschiedener Größe benutzen kann, wenn deren Schenkel horizontal sind. Darum heißt diese Figur ein perspectivischer Winkelmesser.

§ 44.

Wenn auf dem Winkelmesser (Fig. 37) die Punkte 30 und 10 mit einem beliebigen Punkte a verbunden werden, so schließen die Ver=

bindungslinien einen Winkel von 20° ein; denn die Schenkel a b und Q, 30 sind perspectivisch parallel, weil sie denselben Verschwindungspunkt 30 haben und die Schenkel a c und Q 10 sind perspectivisch parallel,

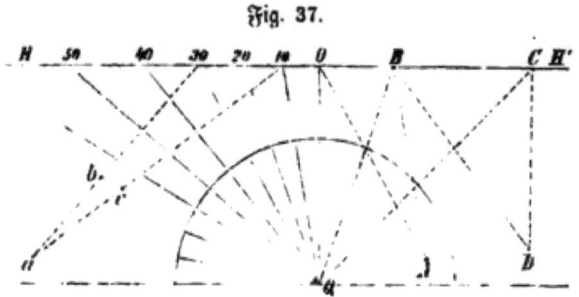

Fig. 37.

weil sie denselben Verschwindungspunkt 10 haben; mithin sind die Winkel b a c und 30, Q, 10 perspectivisch gleich und da letzterer nach der Construction = 20° ist, so ist auch Winkel b a c perspectivisch gleich 20°.

Ferner ist auf der andern Seite Winkel O Q B aus gleichem Grunde perspectivisch gleich dem Winkel O A B; ebenso Winkel B Q C perspectivisch gleich dem Winkel B D C.

Hiernach lassen sich leicht die Aufgaben lösen:

1) an die Linie a b einen Winkel von 20° anzutragen,

2) an die Linie O A einen Winkel anzutragen, welcher einem gegebenen Winkel O Q B gleich ist,

3) an die Linie B D einen Winkel anzutragen, welcher einem gegebenen Winkel B Q C gleich ist, u. s. w.

Sind die Winkel in Graden gegeben, so kann man, soweit der Winkelmesser nicht ausreicht, den Transporteur zu Hilfe nehmen; sind die Winkel graphisch gegeben, so trage man sie in den Winkelmesser ein, so daß der Scheitel nach Q zu liegen kommt und construire dazu (wie Fig. 37) den perspectivisch gleichen Winkel.

§ 45.

Soll der Winkel ein sogenannter rückfallender werden, so kann derselbe entweder vermittelst seines Nebenwinkels oder vermittelst seines Scheitelwinkels construirt werden.

Wenn z. B. (Fig. 38) an die Linie a b ein rückfallender Winkel von 130° angetragen werden soll, so verlängere man a b bis zum Horizont nach c, mache die Strecke c d einem Winkel von 50° entsprechend (d. h. man trage bei Q den Winkel d Q c = 50° an), verbinde d mit a, so bildet die Verlängerung a c mit a b einen Winkel von 130°, da dessen Nebenwinkel d a c = d Q c = 50° (nach der Construction) ist.

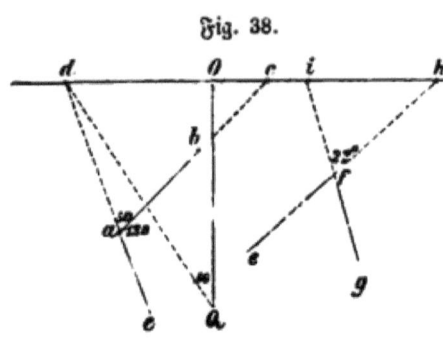

Fig. 38.

Soll ferner an die Linie f g ein rückfallender Winkel von 22° angetragen werden, so verlängere man f g bis zum Durchschnitt mit dem Horizont bei i, mache die Strecke i h einem Winkel von 22° entsprechend, so daß Winkel i f h perspectivisch einem Winkel von 22° gleich ist, so ist e f g als dessen Scheitelwinkel der verlangte rückfallende Winkel von 22°.

§ 46.

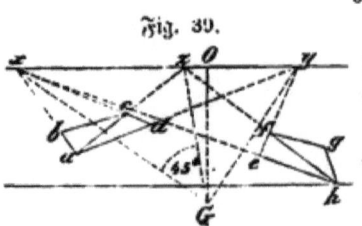

Fig. 39.

Es soll ferner an die Seite a d (Fig. 39) ein Quadrat angetragen werden.

Man verlängere a d bis zum Durchschnitt y dem mit Horizont, verbinde y mit dem Grundpunkt G und trage bei G die Winkel x G y = 90°

und x G z = y G z = 45⁰ an, dann werden je zwei horizontale Linien, welche von x und y ausgehen, sich unter 90⁰ und zwei horizontale Linien, welche von x und z oder von y und z ausgehen, sich unter 45⁰ schneiden.

Aus dieser Bemerkung ergiebt sich die Construction des an a d angesetzten Quadrats: aus dem Durchschnitt von a z und d x, ergiebt sich c und aus dem Durchschnitt von c y und a x ergiebt sich b.

In ähnlicher Weise ist das perspectivische Quadrat e f g h entstanden.

Die mit Hilfe der Theorie des Winkelmessers ausgeführten Constructionen könnten leicht vermehrt und auf die verschiedensten geradlinigen Figuren, von welchen hinreichend viele Bestimmungsstücke (Seite, Winkel, Diagonalen) gegeben sind, angewendet werden.

§ 47.

Vom halben, viertels und achtels Distanzpunkt.

In vielen Fällen ist die Distanz so groß, daß die Distanzpunkte nicht mehr auf die Zeichnungsebene fallen. Um nun auch in diesen Fällen von den Constructionsvortheilen, welche die Distanzpunkte gewähren, noch einigermaßen Gebrauch machen zu können, trägt man [von o aus, je nachdem es der Raum gestattet, nur die halbe, viertels oder achtels Distanz auf den Horizont auf. Man gehe wieder zurück auf Fig. 31, in welcher die Perspective des im Grundriß gegebenen Punktes m durch Augen- und Distanzpunkt bestimmt worden ist dadurch, daß der Abstand erst aus der Grundlinie der Tafel nach p q übertragen und q mit dem Distanzpunkt verbunden worden ist, welche Linie als Durchschnitt mit p O''' die Perspective m des Punktes m ergab.

In gleicher Weise würde sich Fig. 40 m als Perspective von M ergeben, wenn man aus dem Grundriß M p auf die Grundlinie der Tafel gleich p' q' überträgt und p' o und q' D' verbindet. Statt dessen hätte man $\frac{1}{2}$ M p auf die Tafel gleich p_1 q_2 übertragen und q_2 mit D_2 oder $\frac{1}{4}$ M p gleich p_1 p_4 und p_4 mit D_4 verbinden können und würde beidemale mit p' o denselben Durchschnittspunkt m erhalten, voraus-

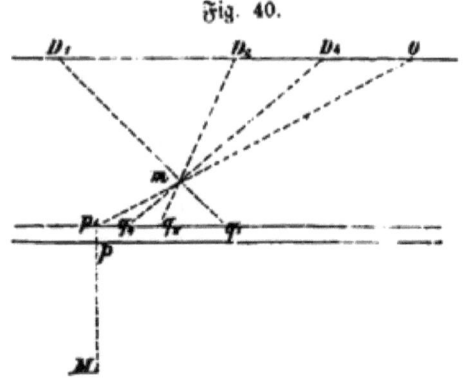

Fig. 40.

gesetzt, daß $o D_2 = \frac{1}{2} o D_1$ und $o D_4 = \frac{1}{4} o D_1$ gemacht worden ist, was sich mit Hilfe der Aehnlichkeit der oberhalb und unterhalb des Punktes m gelegenen Dreiecke leicht nachweisen läßt.

Wenn daher der Distanzpunkt D_1 nicht mehr auf die Tafel geht, so trage man nur die halbe Distanz $o D_2$ auf, und dem entsprechend auch nur die Hälfte des Abstandes von M p aus dem Grundriß auf die Grundlinie der Tafel $p_1 q_2 = \frac{1}{2} M p$, dann ist $q_2 D_2$ ebenfalls ein geometrischer Ort für die Perspective m des Punktes M oder statt $\frac{1}{2} M p$ und $\frac{1}{2} o D_1$ nur $\frac{1}{4} M p$ und $\frac{1}{4} o D_1$ u. s. w.

Auf diese Weise kann jeder beliebige Bruchtheil der Distanz von O aus auf dem Horizont nach $D n$ und dem entsprechend der gleiche Bruchtheil von M p aus dem Grundriß auf die Grundlinie der Tafel von p_1 nach p n übertragen werden, und es ist die Verbindungslinie $p n, D n$ ein geometrischer Ort für die Perspective m des Punktes M.

§ 48.

Vom Theilpunkt.

Obwohl die bisherigen Methoden der Verschwindungspunkte schon benutzt werden können, um auf Linien, deren perspectivische Richtung bestimmt ist, einzelne Punkte zu ermitteln oder gegebene Strecken perspectivisch abzuschneiden, so ist es doch in einzelnen Fällen rathsam, eine besondere Methode anzuwenden, um die angedeutete Aufgabe zu lösen. Dies geschieht durch den sogenannten Theilpunkt.

Nachdem Fig. 41, in welcher der Grundriß nach II. § 35 dargestellt ist (Grundriß der Tafel A A', Grundlinie der Tafel A A), zuerst für die Linie b' a' im Grundriß der Verschwindungspunkt x dadurch bestimmt ist, daß man nach § 34 oder § 36 durch den Grundpunkt G (o G = der Distanz) eine Parallele zu b' a' gezogen, welche den Horizont in dem zu b' a' gehörigen Verschwindungspunkt x schneidet, schlage man von x aus mit dem Abstand x G einen Kreisbogen, so ist dessen Durchschnitt T mit dem Horizont der zu b' a' und zu allen mit b' a' parallelen Linien gehörige Theilpunkt.

Soll nun vermittelst des Theilpunktes T auf der zu b' a' gehörigen perspectivischen Richtung eine Strecke β α, welche perspectivisch gleich b' a' ist, abgeschnitten werden, so verlängere man b' a' im Grundriß bis zur Projection der Tafel nach c', trage aus dem Grundriß die Strecken c' b' und c' a' auf die Grundlinie der Tafel gleich c b und c a, so daß b a = b' a' wird. Verbindet man nun b und a mit dem Theilpunkt T, so wird durch die Verbindungslinien b T und a T auf c x die Strecke β α abgeschnitten, welche perspectivisch gleich b a und also auch perspectivisch gleich b' a' ist.

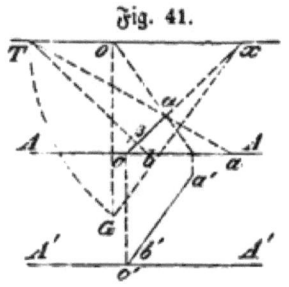

Fig. 41.

Obwohl wir zur Controle den Punkt α noch auf eine zweite Art, nämlich vermittelst des Augenpunktes ϱ bestimmt haben, was auch in Bezug auf den Punkt β hätte geschehen können, so wollen wir doch die Richtigkeit des vorstehenden Verfahrens allgemein beweisen.

Zieht man Fig. 41 noch die Linie T G, so sind nach § 42 die von T ausgehenden Linien unter sich und die von x ausgehenden Linien unter sich perspectivisch parallel, daher $\angle$ x G T $= \angle$ x α T $= \angle$ x β T, und da man für die beiden letzteren auch ihre Scheitelwinkel setzen kann, $\angle$ x G T $= \angle$ c α a $= \angle$ c β b. Ferner ist $\angle$ T x G $= \angle$ a c x $= \angle$ b c x, da die Schenkel x T und a c geometrisch und die Schenkel x G und x c perspectivisch parallel sind. Demnach stimmen die Dreiecke x G T, c α a und c β b in je zwei Winkeln überein und sind mithin ähnlich, folglich stehen deren homologe Seiten in gleichem Verhältniß, nämlich

$$x\,T : x\,G = c\,a : c\,\alpha = c\,b : c\,\beta.$$

Da nun die Glieder des ersten Verhältnisses als Radien desselben Kreisbogens gleich sind, so müssen auch die Glieder der beiden andern Verhältnisse (perspectivisch) gleich sein: $c\,a = c\,\alpha$, $c\,b = c\,\beta$, woraus durch Subtraction folgt: $c\,a - c\,b = c\,\alpha - c\,\beta$, d. i. $b\,a = \beta\,\alpha$, und da $b\,a = b'\,a'$ im Grundriß ist, so ist $b'\,a'$ perspectivisch gleich $\beta\,\alpha$, was zu beweisen war.

§ 49.
Vom halben und viertels Theilpunkt.

Sollte der Theilpunkt T nicht mehr auf die Zeichnungsebene fallen, so kann man in ähnlicher Weise, wie § 47 mit der halben, viertels Distanz ꝛc. dieselben perspectivischen Durchschnittspunkte erhalten wurden, wie mit der ganzen Distanz, auch hier mit den Theilpunkten verfahren, indem man von x aus nur $\tfrac{1}{2}\,x\,T$, $\tfrac{1}{4}\,x\,T \ldots$ (Fig. 41) aufträgt. Man darf aber dann selbstverständlich auf der Grundlinie von c aus nicht $c\,b = c'\,b'$ und $c\,a = c'\,a'$ auftragen, sondern nur $\tfrac{1}{2}$ oder $\tfrac{1}{4}$ dieser Längen.

Dieses Verfahren wendet man auch dann an, wenn sich die Hilfslinien T b und T a mit c x unter zu spitzen oder zu stumpfen Winkeln schneiden, so daß der Schnitt nicht scharf genug wird.

Aufgaben. Nach den Methoden von § 37 bis 49 sind verschieden gerichtete, im Grundriß liegende Gerade und geradlinige Figuren in Perspective zu setzen. Dabei können in derselben Figur immer mehrere Aufgaben — theils links, theils rechts von der Vertikalen, theils in der Nähe derselben, vereinigt werden.

5. Vom perspectivischen Maßstab.

Perspectivischer Breiten- und Tiefenmaßstab.

§ 50.

1. Linien, welche in einer mit der Tafel parallelen Ebene liegen und geometrisch gleich sind, haben auch gleiche Perspectiven,[1] sie mögen eine horizontale, vertikale oder diagonale Lage haben.

Denn ist (Fig. 42) der Abstand des Auges von der Tafel = o e und von einer ihr parallelen Ebene = o f, und legt man durch o zwei Strahlenebenen, welche die Tafel in a b und c d und die ihr parallele Ebene in a' b' und c' d' schneiden, so ergiebt sich, weil die Durchschnitte

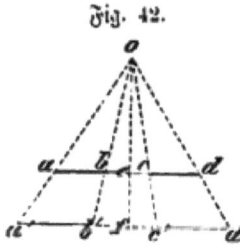

Fig. 42.

zweier parallelen Ebenen mit einer dritten parallel sind und wegen der in Folge dessen entstehenden ähnlichen Dreiecke, die Gleichheit der Verhältnisse a b : a' b' = c d : c' d', weil sie einem dritten Verhältniß o e : o f gleich sind. Sind nun die Linien im Raume a' b' und c' d', welche das zweite und vierte Glied der vorstehenden Proportion bilden, gleich, so muß auch das erste Glied gleich dem dritten, a b = c d sein.

2. Wenn Linien, welche in einer mit der Tafel parallelen Ebene liegen, ein bestimmtes Längenverhältniß haben, z. B. a' b' : c' d' = 2 : 5, so müssen deren Perspectiven dasselbe Längenverhältniß haben, a b : c d = 2 : 5.

Denn vertauscht man in der Proportion sub 1 die mittleren Glieder, so ergiebt sich a b : c d = a' b' : c' d' = 2 : 5.

3. Ist die Linie a' b' im Raume gleich der Längen-Einheit, z. B. gleich 1 Fuß, so sagt man von ihrer Perspective a b, sie sei perspectivisch gleich 1 Fuß. Jede andere Linie c' d', welche mit a' b' in einer mit der Tafel parallelen Ebene liegt, also ebensoweit von der Tafel absteht, hat eine Per-

spective c d, welche gleich a b oder ein Vielfaches von a b ist, je nachdem c' d' = a' b' oder ein Vielfaches von a' b' ist.

Auf dieser Bemerkung beruht der perspectivische Breitenmaßstab.

§ 51.

Denkt man sich die mit der Tafel parallelen Linien immer weiter von der Tafel entfernt, so werden deren Perspectiven relativ immer kleiner, wie Fig. 43 zeigt. Darum wird eine Linie, welche im Raume 1 Fuß lang ist, auf der Tafel um so mehr verkürzt erscheinen, je weiter dieselbe von der Tafel absteht oder wie man auch sagt: je größer ihre Tiefe hinter der Tafel ist.

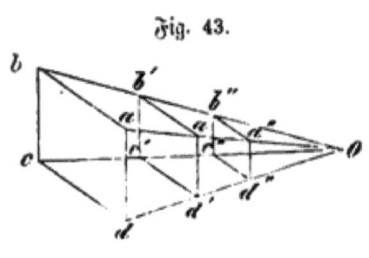

Fig. 43.

Es wird daher der perspectivische Fuß um so kleiner sein, je größer die Tiefe der entsprechenden Linie ist: demnach muß für die verschiedenen Tiefen von 1, 2, 3, 4 .. Fuß ein besonderes perspectivisches Breitenmaß construirt werden; für Linien, welche in der Tafel selbst liegen, ist das perspectivische Maß gleich dem geometrischen.

§ 52.

Es tritt dies am deutlichsten hervor, wenn man, wie es Fig. 44 angedeutet ist, im Grundriß eine Reihe gleich großer Quadrate in verschiedener Entfernung von der Tafel darstellt und dieselben in Perspective setzt. Die Seite a' b' des ersten liegt in der Tafel selbst und erscheint daher in der wahren Größe, während die Seiten c' d', e' f', ... der folgenden immer kleiner erscheinen, je weiter sie von der Tafel abstehen. Die Perspectiven c d, e f, ... derselben sind vermittelst des Augen- und Distanzpunktes bestimmt, indem auf der Grundlinie a b = a i = i k .... gemacht ist, die Punkte a, i, k, ... mit dem Distanzpunkt D verbunden sind, wodurch sich die Schnittpunkte d, f, h ... ergeben.

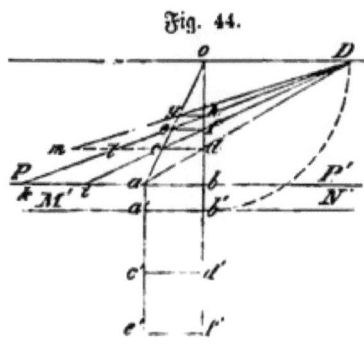

Fig. 44.

Sind die Seiten aller Quadrate gleich der Längeneinheit, z. B. gleich 1 Fuß, so sind die Tiefen b d, b f, b h, … perspectivisch gleich 1, 2, 3 … Fuß, und die Breiten a b, c d, e f, g h, … perspectivisch je gleich 1 Fuß, und zwar ist a b auch geometrisch gleich 1 Fuß, weil a b in der Grundlinie der Tafel selbst liegt, während c d, e f, g h … die einem Fuß entsprechenden perspectivischen Breiten für die perspectivischen Tiefen von 1, 2, 3 .. Fuß sind.

Die so erhaltene Figur o a b nennt man einen **perspectivischen Maßstab**.

Derselbe enthält zunächst nur die Perspectiven der in der Grundebene liegenden Breiten und Tiefen. Da aber nach § 50 alle Linien, welche in einer mit der Tafel parallelen Ebene liegen, welche also die nämliche Tiefe haben, gleiche Perspectiven geben, wenn die entsprechenden Linien im Raume geometrisch gleich sind, gleichviel ob sie eine horizontale, vertikale oder diagonale Lage haben, so läßt sich der perspectivische Maßstab auf alle Linien anwenden, sie mögen auf der Grundebene liegen oder nicht, und zwar läßt sich der Tiefenmaßstab auf alle Linien, welche auf der Tafel senkrecht stehen, anwenden, indem man die entsprechende Tiefe mit der Reißschiene vom Tiefenmaßstab o b auf die Linie überträgt, während der Breitenmaßstab auf alle Linien, welche mit der Tafel parallel sind, sich anwenden läßt, indem man die der Tiefe entsprechenden Breitenmaße c d, e f, g k … mit dem Zirkel aus dem Maßstab entnimmt und auf die Linie überträgt.

Statt einem Fuß kann man selbstverständlich jedes andere Maß oder ein vielfaches der Längen-Einheit, welches = a b aufzutragen ist, zu Grunde legen.

Da der perspectivische Maßstab, an die Mittellinie angetragen, in der Mehrzahl der Fälle ganz oder zum Theil mit der zu entwerfenden Figur zusammenfallen würde, so kann man denselben an einer beliebigen Stelle, am besten an den linken Rand der Tafel, antragen, wie dies Fig. 54 geschehen ist.

Perspectivisches Netz.

§ 53.

Das perspectivische Netz ist nichts anderes als ein über die ganze Grundfläche ausgedehnter perspectivischer Breiten- und Tiefenmaßstab.

Denkt man sich den ganzen geometrischen Grundriß in lauter gleiche Quadrate getheilt, deren letzte Reihe bis an die Grundlinie der Tafel reicht, so erhält man ein geometrisches Netz, auf welches die im Grundriß dargestellten Objecte bezogen und mit dessen Hilfe, wie dies oft beim Situationszeichnen ꝛc. geschieht, diese Objecte auf eine andere Zeichnung entweder in demselben oder in einem anderen Maßstab übertragen werden können, je nachdem man in der andern Zeichnung die Quadrate des Netzes in dem nämlichen oder in verändertem Maßstabe aufträgt.

Werden nun die sämmtlichen Quadrate des geometrischen Netzes in Perspective gesetzt in ähnlicher Weise wie dies vermittelst des Augen- und Distanzpunktes beim perspectivischen Maßstabe (§ 52) mit einer einzigen Reihe dieser Quadrate geschehen ist, so lassen sich die im geometrischen Netz liegenden Objecte nunmehr leicht in das entsprechende perspectivische Netz eintragen.

§ 54.

Soll das perspectivische Netz ohne Zuziehung des Grundrisses construirt werden, so trage man, wie Fig. 45, das geometrische Maß auf der Grundlinie der Tafel, von der Mittellinie an, auf beiden Seiten auf, verbinde die erhaltenen Punkte 1, 2, 3, 4, 5 ... mit dem auf der andern Seite liegenden Distanzpunkt, so geben die Durchschnittspunkte der Verbindungslinien mit der Vertikalen O o die perspectivischen Tiefen von 1, 2, 3, 4, 5 ... Fuß. Durch die so auf der Vertikalen erhaltenen Punkte ziehe man Parallellinien mit der Grundlinie oder dem Horizont.

Ferner verbinde man den Augenpunkt o mit den Theilpunkten 1, 2, 3, 4, 5 .. auf der Grundlinie, so ist das perspectivische Netz vollendet.

Soll nun z. B. 4 Fuß links von der Mittellinie und 1 Fuß hinter der Tafel ein gerades quadratisches Prisma von 1 Fuß Seitenlänge errichtet werden, so ist dessen Grundfläche bereits vorhanden; ebenso würde sich leicht die Grundfläche bei 1½, 1¾, 1⅓ Fuß Seitenlänge ꝛc. und bei irgend einer andern Breite und Tiefe ermitteln lassen.

Fig. 45.

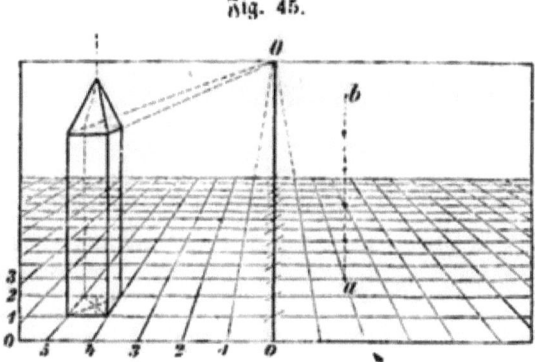

Soll die Höhe des Prismas ein gegebenes Maß enthalten, so kann der Breitenmaßstab zugleich als Höhenmaßstab dienen, da nach § 50 Linien, welche in einer mit der Tafel parallelen Ebene liegen, gleiche Perspectiven haben, wenn sie geometrisch gleich sind. Soll daher in a (Fig. 45) ein Loth von 5 Fuß Höhe errichtet werden, so nehme man das dem Punkte a entsprechende Breitenmaß und trage es 5mal auf a b auf. In gleicher Weise läßt sich dem Fig. 45 dargestellten Prisma und der darauf stehenden Pyramide eine vorgeschriebene Höhe geben.

§ 55.
Schrägliegendes Netz.

Wenn eine darzustellende Figur ganze Reihen von Parallellinien hat, welche nicht mit der Tafel parallel sind und nicht auf derselben senkrecht stehen, so ist es zweckmäßig, ein sogenanntes schrägliegendes Netz zu entwerfen, dessen Seiten parallel den Hauptlinien der darzustellenden Figur liegen. Statt des Augen- und Distanzpunktes benutzt man dann die den beiden Systemen von Parallellinien entsprechenden Verschwindungspunkte und verfährt im Uebrigen analog wie bisher.

6. Von der Höhenperspective oder dem perspectivischen Aufriß.

§ 56.

Von § 35 an haben wir uns hauptsächlich mit der Aufgabe beschäftigt, mit Hilfe des geometrischen Grundrisses den perspectivischen Grundriß zu construiren. Zwar war in den einzelnen Methoden zugleich die Grundlage für die Höhenperspective mit enthalten, was besonders deutlich bei der Lehre vom perspectivischen Maßstab und vom perspectivischen Netz hervorgetreten ist; wir wollen uns nun aber speciell zur perspectivischen Bestimmung von Punkten wenden, welche außerhalb des Grundrisses liegen.

Man kann bei dieser Aufgabe drei Fälle unterscheiden:

1) wenn der fragliche Punkt auf einer vertikalen Linie liegt, deren geometrische Höhe bekannt ist und deren Lage durch den perspectivischen Grundriß ihres Fußpunktes festgestellt werden kann;

2) wenn der Punkt auf einer horizontalen Ebene liegt, deren Höhe über der Grundebene bekannt ist;

3) wenn derselbe auf einer schiefen Ebene liegt, deren Lage bekannt ist.

Wir werden uns auf die beiden ersten Fälle beschränken, welche sich unmittelbar an das Vorhergehende anschließen.

§ 57.

Die Vergleichung der geometrischen und perspectivischen Höhen.

Es ist bereits § 50 u. ff. gezeigt worden, daß Linien, welche parallel mit der Tafel sind und gleich weit von der Tafel abstehen, gleiche Perspectiven haben, wenn sie geometrisch gleich sind, gleichviel ob sie wagerecht, lothrecht oder diagonal liegen. Darum konnte § 54 der Breitenmaßstab zugleich als Höhenmaßstab benutzt werden.

Die im vorigen § sub 1 gestellte Aufgabe kann also dann als gelöst angesehen werden, wenn ein perspectivischer Maßstab oder ein perspectivisches Netz vorliegt, wie dies § 54 gezeigt worden ist.

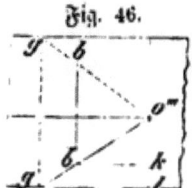

Fig. 46.

In andern Fällen gelangt man durch folgende Betrachtung zu einer Lösung:

Man denke sich ein Rechteck, von welchem zwei Seiten lothrecht sind, so werden dieselben auf der Tafel als lothrechte Linien erscheinen. Liegt die eine in der Tafel selbst wie g g (Fig. 46), so wird dieselbe in der wahren Größe erscheinen, während die andere b b um so mehr verkürzt erscheint, je weiter sie im Raume von der Tafel absteht oder je größer ihre Tiefe l k ist.

Wenn nun die beiden horizontalen Seiten des Rechtecks auf der Tafel senkrecht stehen, so verlieren sie sich im Augenpunkte, wie Fig. 46.

Das hiernach perspectivisch dargestellte Rechteck g b b g enthält daher das in der Tafel liegende Loth g g in der wahren Größe und das perspectivische gleiche Loth b b, welches in einem beliebigen Punkte b des perspectivischen Grundrisses errichtet ist.

§ 58.

Das Auftragen perspectivischer Höhen vermittelst des Augenpunktes.

Soll im Punkte b des Grundrisses (Fig. 46) ein Loth von gegebener Höhe errichtet werden, so verbinde man b mit dem Augenpunkt o''' und verlängere b o''' bis zum Durchschnitt g mit der Grundlinie, errichte in g das Loth g g und mache dasselbe geometrisch gleich dem verlangten Loth, verbinde den obern Endpunkt g ebenfalls mit o''', so wird das in b errichtete und von g o''' oberhalb und unterhalb begrenzte Loth b b perspectivisch gleich g g sein. Denn g b b g stellt nach § 57 ein Rechteck dar, dessen Ebene auf der Tafel senkrecht steht und dessen wagerechte

Seiten sich mithin im Augenpunkte verlieren, dessen lothrechte Seiten lothrechte Perspectiven geben, von welchen g g in der Tafel liegt, also in der wahren Größe erscheint, das Loth b b aber eine seiner Tiefe entsprechende Verkürzung erfährt.

Zusatz. Aus Fig. 46 ersieht man, daß $bk : gl = bb : gg = o''' b : o''' g$, oder wenn man in den beiden ersten Verhältnissen die Mittelglieder vertauscht, $bk : bb = gl : gg$, d. h. die perspectivischen Breiten verhalten sich zu den dazu gehörigen Höhen wie die entsprechenden geometrischen Breiten und Höhen, was bereits bei der Lehre vom perspectivischen Maßstab sich ergeben hat.

§ 59.
Das Auftragen perspectivischer Höhen vermittelst eines Distanz- oder Accidentalpunktes.

Während § 57 und 58 die Ebene des Rechtecks, welches die in der Tafel liegende geometrische Höhe g g und die dazu gehörige perspectivische Höhe b b enthält, auf der Tafel senkrecht stehend angenommen wurde, in welchem Falle sich die Perspectiven der beiden andern Seiten des Rechtecks im Augenpunkte verlieren, so kann man dieser Ebene auch einen Neigungswinkel von 45° geben, in welchem Falle die beiden horizontalen Seiten des Rechtecks mit der Tafel Winkel von 45° bilden und deren Perspectiven sich mithin im Distanzpunkte schneiden. Diese Voraussetzung ist Fig. 47 in Bezug auf das perspectivische Rechteck b β σ f gemacht. Ist a' b' der geometrische, so ist b β der perspectivische Grundriß dieses Rechtecks, der sich im

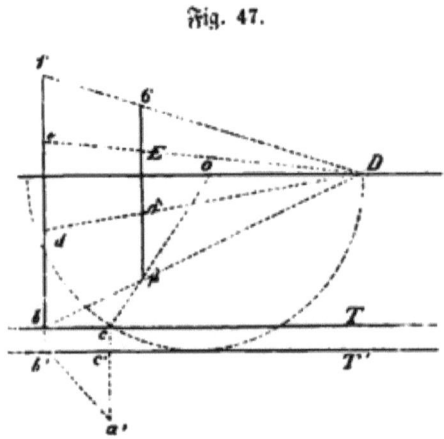

Fig. 47.

Distanzpunkte D verliert. Dasselbe ist der Fall mit der gegenüberliegenden Seite f σ, deren geometrische (in der Tafel liegende) Höhe b f und deren perspectivische Höhe β σ ist.

Soll hiernach ein über dem Grundriß a' stehendes Loth in Perspective gesetzt werden, so ziehe man durch a' eine gegen die Tafel unter 45° geneigte Gerade, welche den Grundriß der Tafel in b' schneidet, trage b' auf die Grundlinie der Tafel nach b über und errichte das geometrische Loth b f, so liegt zwischen b D und f D auch das perspectivische Loth. Bestimmt man durch ein Loth a' c' auf die Tafel, dessen Perspective c o sich im Augenpunkte verliert, die Perspective β des Punktes a', so ist das in β errichtete Loth β σ die Perspective von b f.

Enthält das geometrische Loth verschiedene Abschnitte b d, d e, e f, so darf man nur die Punkte d, e .. mit D verbinden, um die entsprechenden perspectivischen Abschnitte auf β σ zu erhalten.

§ 59b.

Denkt man sich die Ebene des Rechtecks b β σ f Fig. 47 unter einem beliebigen Winkel α gegen die Tafel geneigt, so bestimme man den zur horizontalen Grundlinie b' a' gehörigen Accidentalpunkt x nach § 37 und verfahre in Bezug auf x ganz analog wie § 59 in Bezug auf den Punkt D.

Aufgabe. Mehrere gegebene Höhen nach den vorstehenden Methoden perspectivisch aufzutragen.

§ 60.

Die erste Methode, Höhen mit Hilfe des Augenpunktes perspectivisch darzustellen, ist in Fig. 48 angewendet, um die Perspective einer auf dem Grundriß senkrecht stehenden Figur in Form eines Kreuzes darzustellen.

Um die geometrische Gestalt der Figur vor Augen zu haben und um zugleich die Höhen der einzelnen Punkte über dem Grundriß aus derselben entnehmen zu können, ist dieselbe durch Drehung um ihren Grundriß (2, 1) (6, 5) herabgeschlagen worden.

Die perspectivischen Fußpunkte der Lothe sind durch directe, von o'''
ausgehende Sehstrahlen nach § 19 bestimmt worden und es kommt nun
noch darauf an, die perspectivischen Höhen auf denselben abzuschneiden.

Um zuerst das Loth 4, 4 in Perspective zu setzen, ist von 4 im
Grundriß ein Loth auf die Tafel gefällt worden, dessen Perspective sich
im Augenpunkt verliert. Trägt man auf demselben nach § 57, von der
Grundlinie ab, die Höhe b b = 4, 4 auf, verbindet die Endpunkte b, b
mit o''' so liegt zwischen diesen Linien die Perspective der Linie, 4 4, und
da die perspectivische Richtung von 4, 4 schon
vorher bestimmt war, so hat man zunächst
die Punkte 4 und 4 des Kreuzes.

Fig. 48.

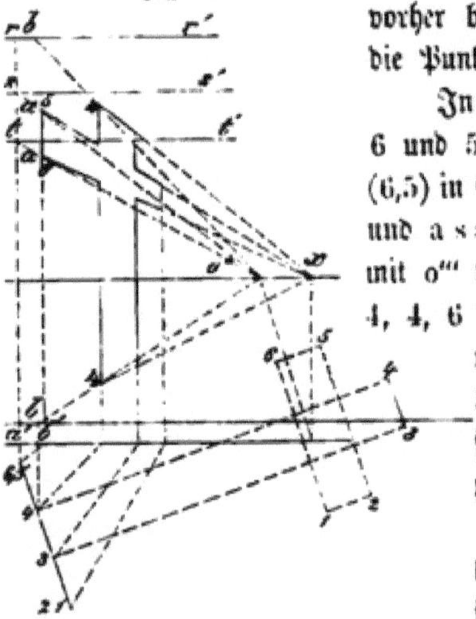

In derselben Weise werden die Punkte
6 und 5 bestimmt, indem man vom Punkt
(6,5) in Grundriß ein Loth auf die Tafel fällt
und a s = 5,5, a t = 6,6 macht, und s und t
mit o''' verbindet. Nachdem so die Punkte
4, 4, 6 und 5 bestimmt sind, lassen sich die
unter sich parallelen Linien 4,3 ; 6,1 ;
5,2 ; 4, 3 mit Hilfe des zu den=
selben gehörigen Verschwindungs=
punktes x ziehen.

In vorliegender (nach § 35 III.
dargestellten) Figur ist der Ver=
schwindungspunkt x so gefunden,
daß man durch den Augenpunkt o''', welcher zugleich der Grundriß des
Auges ist, eine mit dem Grundriß des Systems (4,5 ; 6,1 . . . .) pa=
rallele Linie zieht, welche den Grundriß des Verschwindungsstrahls dar=
stellt. Verlängert man denselben bis zum Grundriß der Tafel und lothet
vom Einschnittspunkt auf den Horizont, so ergiebt sich der Verschwindungs=
punkt x.

Aufgabe. Die Perspective mehrerer Figuren, deren Ebenen auf
dem Grundriß senkrecht stehen und welche, wie Fig. 48, im Grundriß um=
geklappt dargestellt sind, theils nach § 58, theils nach § 59 zu construiren.

§ 61.

Darstellung von Figuren, deren Ebenen horizontal, aber in beliebigen Höhen über der Grundebene liegen.

Die § 32 über die Verschwindungspunkte angeführten Sätze wurden von § 36 bis 49 hauptsächlich auf Linien angewendet, welche in der Grundebene oder im geometrischen Grundriß liegen. Die daraus abgeleiteten Methoden lassen sich aber auch auf Ebenen übertragen, welche in beliebiger Höhe liegen, da die Sätze § 32 für alle horizontalen Linien bewiesen worden sind, gleichviel ob dieselben über oder unter dem Horizont liegen.

Der einzige Unterschied des Verfahrens besteht nur in der Bestimmung den in der Tafel selbst liegenden Punkte, welche mit ihren Perspectiven zusammenfallen.

Wenn wir § 38 u. ff. eine in der Grundebene liegende Linie bis zur Tafel verlängerten, so lag der Durchschnittspunkt in der Grundlinie der Tafel, dessen Lage bestimmt wurde, indem der Grundriß der Linie bis zum Grundriß der Tafel verlängert und der Durchschnittspunkt durch ein Loth auf die Grundlinie der Tafel übertragen wurde. Der so erhaltene Punkt war in der Regel der eine Bestimmungspunkt der darzustellenden Linie, während als zweiter Bestimmungspunkt ein Verschwindungspunkt benutzt wurde.

Wenn dagegen im Folgenden eine Linie in einer Horizontalebene liegt, welche verlängert die Tafel in der Linie Q Q', Fig. 49, schneidet, so müssen auch alle in dieser Ebene liegenden Linien, wenn man sie hinreichend verlängert, die Tafel in der Linie Q Q', welche man die **Trace** oder **Spur der Ebene** (mit der Tafel) nennt, schneiden. In Bezug auf den Augen=, die Distanz= und die Accidentalpunkte bleibt aber im Uebrigen das Verfahren genau, wie bisher.

Ist die geometrische Höhe P Q = h der Ebene gegeben, so trage man diesen Abstand auf einer auf der Grundlinie der Tafel senkrechten

Linie P Q ab und ziehe durch den obern Endpunkt Q die Spur der Ebene parallel mit dem Horizont.

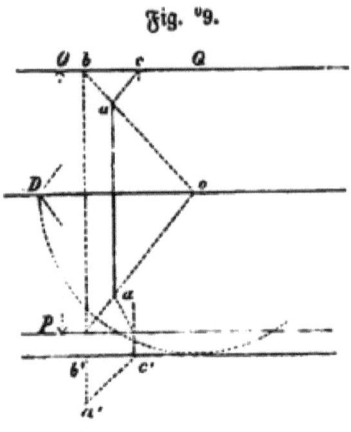

Fig. 49.

Soll nun ein in dieser Ebene liegender Punkt a, deſſen Grundriß a' gegeben iſt, in Perſpective geſetzt werden, so ziehe man durch a' eine auf den Grundriß der Tafel Senkrechte a' b' und eine gegen denſelben unter 45° geneigte Gerade a' c', trage nun durch Lothe dieſe Punkte — nicht wie früher, auf die Grundlinie der Tafel, — ſondern auf die Spur Q Q' der Ebene nach b und c über, verbinde b mit dem Augenpunkt o und c mit dem Distanzpunkt D, ſo iſt der Durchſchnitt α die Perſpective des Punktes a.

Zuſatz. Beſtimmt man auch die Perſpective α' des Grundriſſes a', ſo liegt α' lothrecht unter α und αα' iſt die Perſpective eines in a' errichteten Lothes, deſſen geometriſche Höhe P Q = h iſt.

§ 61b.

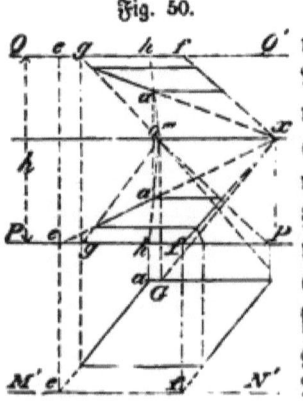

Fig. 50.

Statt Augen- und Distanzpunkt zu benutzen, wie Fig. 49, kann man auch den Augenpunkt und einen Accidentalpunkt x benutzen, wenn Parallellinien vorliegen, die einen beliebigen Winkel mit der Tafel bilden, wie Fig. 50. Die Darſtellung iſt nach § 35 II. und der Verſchwindungspunkt x iſt vermittelſt des herabgeſchlagenen Grundpunktes G nach § 36 Zuſ. 1, Fig. 29 beſtimmt. Die ſchrägen Seiten des darzuſtellenden Parallelogramms ſind bis zum Grundriß M' N' der Tafel verlängert und die Durchſchnittspunkte e und f durch Lothe nach der Spur der Ebene Q Q' übertragen und mit x verbunden worden. Außerdem sind Lothe von 2 Punkten auf die Tafel gefällt und deren Durchschnittspunkte g und h mit dem Augenpunkt verbunden worden. Das Uebrige ergiebt sich von selbst.

Gleichzeitig ist dasselbe Parallelogramm im Grundriß liegend angenommen und perspectivisch dargestellt worden.

§ 62.

In vielen Fällen bestimmt man vorher den perspectivischen Grundriß, ehe man zur Bestimmung der in einer horizontalen Ebene Q Q' liegenden Figur übergeht, was besonders bei prismatischen Körpern, deren Grundflächen horizontal liegen, zu empfehlen ist; dann sind die in den Endpunkten des perspectivischen Grundrisses errichteten Lothe die geometrischen Oerter für die entsprechenden Punkte der darüber liegenden Figur und man hat für jeden Punkt derselben nur noch eine Bestimmungslinie zu ermitteln.

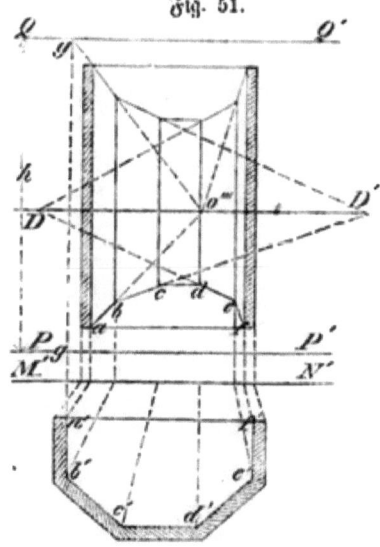

Fig. 51.

Fig. 51 enthält den Grundriß und die innere Ansicht eines hohlen, geraden achtseitigen Prisma's (nach § 35 III. dargestellt). Zuerst sind vom Auge o''' nach den Eckpunkten des Grundrisses Sehstrahlen gezogen, deren Durchschnitte mit dem Grundriß M' N' der Tafel die perspectivischen Breiten der Eckpunkte beider Flächen angeben. Fällt man von den so auf M' N' erhaltenen Punkten Lothe auf die Grundlinie der Tafel, so ergiebt sich die perspectivische Richtung der lothrechten Seitenkanten des Prisma's.

Die Grundkante a' b' steht senkrecht auf der Tafel; dieselbe schneidet verlängert die Tafel in g, daher ist g o''' deren Richtung, wodurch sich die Perspective a b ergiebt. Die obere Grundfläche hat die geometrische Höhe P Q = h, daher ist Q Q' deren Spur und der in derselben liegende correspondirende Punkt g giebt mit o''' verbunden die Perspective von a b der obern Grundfläche. An den Punkt b schließt man nur die übrigen Seiten an: b' c' und d' e' sind gegen die Tafel unter 45° geneigt, c' d' ist parallel mit der Tafel und e' f' steht senkrecht auf der Tafel, daher ergeben sich deren Perspectiven leicht nach § 32.

Wären diese Linien unter beliebigen Winkeln gegen die Tafel geneigt, so hätte man vorher deren Accidentalpunkte zu bestimmen.

§ 63.

Die Grundkanten der vierseitigen Pyramide s a b c d (Fig. 52) sind gegen die Tafel unter beliebigen Winkeln geneigt, daher bestimme man zuerst deren Accidentalpunkte. Da die Darstellung nach § 35 III. erfolgt ist, so bestimme man dieselben nach § 37, Fig. 30. Die Grundfläche a' b' c' d' liegt im Grundriß, entspricht also der Grundlinie der Tafel, die Spitze s liege in einer Ebene in der Höhe P Q = h, daher Q Q' deren Spur. Die Verlängerung von a' b' schneidet die Grundlinie in e, daher liegt auf e x die Perspective von a' b' und auf b o''' die Perspective der auf der Tafel Senkrechten b' b, daraus ergiebt sich b als Perspective von b'; auf b y liegt die Perspective von b' c' und mittelst des Augenpunktes ergiebt sich c; das Uebrige ergiebt sich leicht aus dem bisherigen.

Fig. 52.

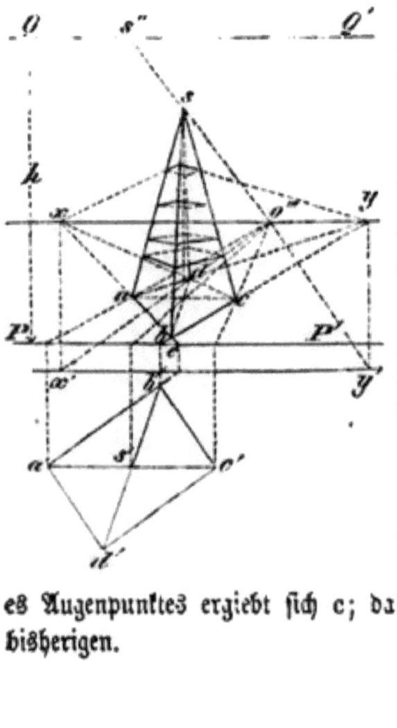

§ 64

Wenn ein Prisma oder eine Pyramide perspectivisch dargestellt ist, so läßt sich mit Hilfe der zu den Grundkanten gehörigen Verschwindungspunkte leicht die Perspective jedes beliebigen, mit der Grundfläche parallelen ebenen Durchschnitts construiren, wie dies Fig. 52 geschehen ist. Dies kann man benutzen, um nach Darstellung der vollen Pyramide eine beliebige abgekürzte Pyramide von derselben abzuschneiden.

Wenn aber die Spitze einer, zu einer vollen Pyramide ergänzten, abgekürzten Pyramide nicht mehr auf die Zeichnungsebene fällt, so muß die obere Grundfläche derselben besonders bestimmt werden, wie dies Fig. 53 welche eine, auf einem Prisma stehende, abgekürzte Pyramide darstellt, geschehen ist.

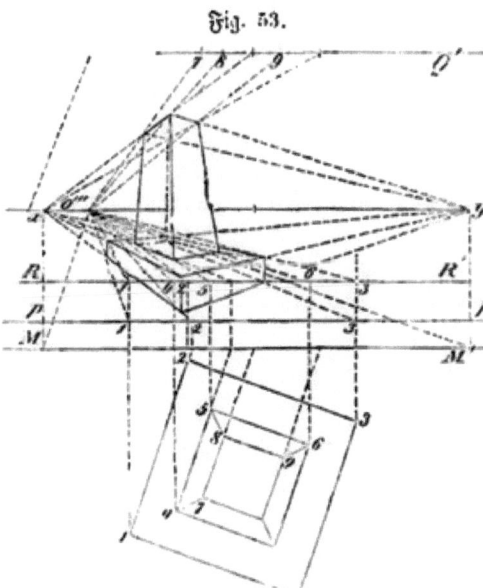

Fig. 53.

Nachdem durch o''' die Grundrisse der mit den Seiten 1, 2 und 2, 3 parallelen Verschwindungsstrahlen gezogen und von den Einschnittspunkten derselben in den Grundriß M M' der Tafel auf den Horizont gelothet worden ist, wodurch sich die Verschwindungspunkte y und x ergeben, trage man über der Grundlinie P P der Tafel die Höhe des Prisma's auf, um die Spur R R' der obern Grundfläche desselben, welche zugleich der untern Grundfläche der abgekürzten Pyramide entspricht, zu erhalten; in gleicher Weise bestimme man die Spur Q Q' der obern Grundfläche der letzteren.

Verlängert man nun im Grundriß die Grundkanten 1, 2; 5, 4; 8, 7 ꝛc. bis an den Grundriß der Tafel und lothet die Einschnittspunkte herauf bis zu den Spuren der Ebenen, in welchen diese Kanten liegen und verbindet die erhaltenen Punkte mit x, so erhält man die Richtung der Perspectiven dieser Kanten. Ebenso könnte man in Bezug auf die Kanten 2, 3; 5, 6; 9, 9; . . . . und den dazu gehörigen Verschwindungspunkt y verfahren und es würden sich so die Perspectiven aller Eckpunkte ergeben.

Statt dessen sind im vorliegenden Falle von den Punkten 1, 2, 3, . . . g im Grundriß Lothe auf M M' gefällt worden, welche sich im Augenpunkt o''' verlieren; werden daher die Punkte, in welchen diese Lothe die Grundlinie P P' der Tafel oder die Spuren R R' und Q Q' treffen, mit dem Augenpunkte o''' verbunden, so erhält man eine Reihe von Linien, auf welchen die Perspectiven der Eckpunkte beider Körper ebenfalls liegen.

Zusatz. Man hat daher im vorliegenden Fall drei Systeme von Linien, — die nach den Accidentalpunkten x und y, und die nach dem Augenpunkte o''' sich verlieren, — welche die geometrischen Oerter für die gesuchten Eckpunkte des Körpers sind und von welchen man zur Bestimmung der Perspective eines jeden Punktes zwei auswählen kann.

§ 65.
Auftragen von Höhen vermittelst des perspectivischen Maßstabes.

Es ist bereits (§ 54 und 57) darauf hingewiesen worden, daß der Breitenmaßstab zugleich als Höhenmaßstab dienen kann, da Linien, welche mit der Tafel parallel sind und gleich weit von derselben abstehen, gleiche Perspectiven geben, wenn sie geometrisch gleich sind, gleichviel ob sie eine horizontale, vertikale oder diagonale Lage haben.

Daher wird der perspectivische Maßstab, welcher die zu bestimmten Tiefen gehörigen Breitenmaße enthält, auch die zu diesen Tiefen gehörigen Höhenmaße enthalten und zwar sind dieselben identisch.

Man kann aber auch mit dem Breitenmaßstab gleich einen Höhenmaßstab in Verbindung bringen, wie es Fig. 54 geschehen ist, den man am besten am Rand der Tafel anbringt: r v w ist der Breiten= und Tiefen=

maßstab für 1 Fuß und ½ Fuß, r q w ist der dazu gehörige Höhen=
maßstab und zwar r w I für den ersten, r I II für den zweiten Fuß
Höhe u. s. w.

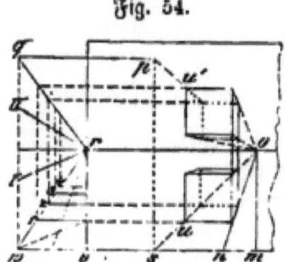

Fig. 54.

Der vermittelst dieses Maßstabes darge=
stellte Würfel (Fig. 54) hat den geometrischen
Abstand m n von der Mittellinie, sowie eine
Tiefe von 1 Fuß und eine Seitenlänge von
1 Fuß.

Der oberhalb desselben dargestellte gleiche
Würfel hat eine geometrische Höhe gleich w q
= s p und dieselbe Tiefe und denselben Ab=
stand von der Mittellinie, wie der vorige.

Aus dem Vorstehenden ersieht man, daß, wenn mit Hilfe des per=
spectivischen Maßstabes eine Zeichnung entworfen werden soll, entweder
eine Beschreibung des Körpers mit Angabe aller Dimensionen vorliegen
muß, oder es muß vor der perspectivischen Darstellung des Gegenstandes
eine geometrische Zeichnung mit einem geometrischen Maßstabe entworfen
werden, so daß man davon die wahren Maße entnehmen und dieselben
mit Hilfe des perspectivischen Maßstabes auf die perspectivische Tafel über=
tragen kann.

Der erstere Weg ist nur durchführbar bei einfachen Körpern und
Körperverbindungen; bei allen complicirten Fällen, welche nur durch um=
ständliche Beschreibungen deutlich gemacht werden können und bei welchen
eine große Menge von Maßen angegeben werden müßten, kann nur der
letztere Weg eingeschlagen werden. In diesem Falle kann der geometrische
Maßstab viel kleiner gewählt werden, als die entsprechenden geometrischen
Maße auf dem perspectivischen Maßstabe aufgetragen werden, um Raum
zu ersparen. Dies kann um so eher geschehen, als die geometrischen
Maße meist weit größer sind, als die perspectivischen, um so mehr, je
größer die Augendistanz ist. Dies tritt in den meisten vorhergehenden
Figuren hervor.

§ 66.

Zu weiteren Uebungen fügen wir noch einige Beispiele hinzu, bei welchen verschiedene der vorhergehenden Methoden zur Anwendung kommen. Dieselben können mannigfach modificirt und weiter ausgeführt werden.

Perspectivische Frontansicht einer Treppe.

Es sei die größte Dimension der Stufen parallel mit der Tafel, dann sind deren Perspectiven parallel mit der Grundlinie. Von den Querdimensionen ist die Höhe der Stufen lothrecht, daher deren Perspectiven ebenfalls lothrecht; die Breitendimension steht senkrecht auf der Tafel, daher gehen deren Perspectiven durch den Augenpunkt o.

Sei a ein der Tafel zunächst gelegener Eckpunkt der untersten Stufe, so ist o a der perspectivische Grundriß aller auf der Tafel senkrechten Kanten der Querdimensionen. Verlängert man o a bis zur Grundlinie der Tafel und macht m n gleich der geometrischen Länge der Treppenstufen, so wird durch das Dreieck m n o der perspectivische Grundriß der ganzen Treppe begrenzt.

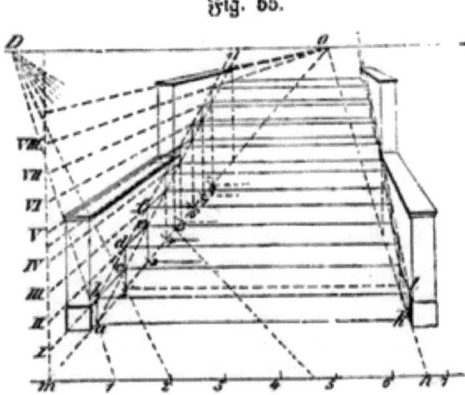

Fig. 55.

Verbindet man den Distanzpunkt D mit a, welche Linie die Grundlinie in 1 schneiden mag, so ist m . 1 der geometrische Abstand der ersten Stufe von der Tafel (§ 38). Trägt man die Breite der Stufen von 1 aus auf die Grundlinie = 1 . 2 = 2 . 3 = 3 . 4 ..., und verbindet die so erhaltenen Punkte 2, 3, 4 ... mit dem Distanzpunkt D, so sind die entsprechenden auf a o liegenden Durchschnittspunkte 2, 3, 4 ... die perspectivischen Grundrisse der lothrechten Kanten der aufeinanderfolgenden Stufen.

Um die Grenzen der über a, 2, 3, 4... errichteten Höhen zu erhalten, errichte man in m ein Loth und mache auf demselben m I, m II, m III, m IV..... gleich den Höhen der aufeinanderfolgenden Stufen, welche geometrisch aufzutragen sind, da m p eine in der Ebene der Tafel liegende Linie ist. Verbindet man nun o mit I, II, III, IV, so schneiden die Verbindungslinien auf den in den perspectivischen Grundrissen a, 1, 2, 3, 4... errichteten Lothen die perspectivischen Höhen a b, c d, e f,... der Stufen ab. (§ 58.)

Die von den oberen Höhepunkten b, d, f,... ausgehenden, auf der Tafel senkrechten Kanten, verlieren sich nach dem Augenpunkt o und die von a, b, c, d, e ausgehenden Längenkanten sind nach der Voraussetzung parallel mit der Grundlinie.

Haben alle Stufen gleiche Höhe, so liegen die oberen Eckpunkte b, d, f... unter sich und die untern a, c, e... unter sich in geraden, parallelen Linien, deren Perspectiven sich in der Mittellinie der Tafel verlieren. Die Benutzung dieses Umstandes vereinfacht die künftigen Constructionen dieser Art.

In Bezug auf die rechte Seite der Treppe, sowie über die Construction der auf beiden Seiten angebrachten Säulen und dazwischen liegenden Mauern wird kaum eine Erläuterung nöthig sein.

Aufgaben. 1) Eine Treppe nebst einem, auf Säulen ruhenden Portal und hinterer Eingangsthüre darzustellen.

2) Eine Freitreppe, welche nach drei Seiten Auftritt hat, am hintern Ende mit zwei bogenförmigen Eingangsthüren darzustellen.

3) Eine Treppe, wie Fig. 55 zu construiren, wenn die größte Dimension schräg gegen die Tafel liegt. (An die Stelle des Augenpunktes treten bei dieser Construction die Accidentalpunkte und an die Stelle der Distanzpunkte treten die Theilpunkte § 48.)

§ 67.

Ein halbkreisförmiges Tonnengewölbe, dessen Achse auf der Ebene der Tafel senkrecht steht, zu construiren.

Da die Perspective einer mit der Tafel parallelen Figur ähnlich der Figur im Raume ist, weil parallele Schnitte von Pyramiden und Kegeln

ähnlich sind, so werden die mit der Tafel parallelen Kreisbogen eines
Gewölbes wieder Kreisbogen sein, gleichviel, ob das Auge in der ver=
längerten Wölbachse liegt oder nicht.

Fig. 56 stelle einen durch ein halbkreisförmiges Tonnengewölbe über=
wölbten Gang vor, längs welchem einige vorspringende Wandsäulen mit
Kämpfern und darüber gewölbten Bogen angebracht sind. Die Wölbachse
aller Bogen gehe durch die Mittellinie der Tafel, damit durch Accidental=
punkte nicht zu viel Raum verloren geht.

Fig. 56.

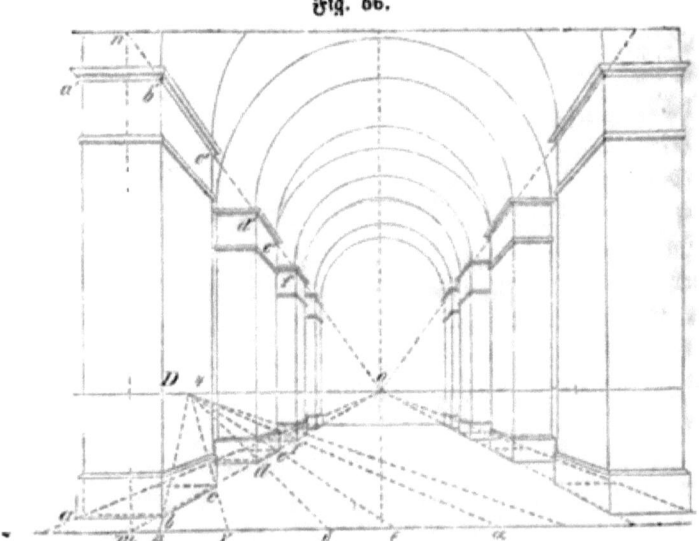

Ist der linke Eckpunkt a des ersten Pfeilers auf der Tafel gegeben,
so liegen auf a o die entsprechenden Eckpunkte der übrigen Pfeiler; ver=
längert man a o bis zur Grundlinie der Tafel und trägt von da an die
geometrische Breite des Pfeilers bis m auf, so liegt auf m o der zweite
Eckpunkt b dieses Pfeilers und die demselben entsprechenden Eckpunkte
d, f ... der übrigen Pfeiler.

Um den dritten sichtbaren Eckpunkt c des ersteren Pfeilers, der ebenfalls auf m o liegt, zu finden, benutzen wir den Distanzpunkt oder, da derselbe außerhalb der Zeichnungsebene liegt, den viertels Distanzpunkt, indem wir nach § 47 von o bis D_4 den vierten Theil der Distanz auftragen; dann muß, wenn wir D_4 mit b und c verbinden und diese Linien bis zur Grundlinie verlängern, $\beta \gamma$ nach § 47 der vierte Theil der Pfeilerdicke sein, daher kann umgekehrt vermittelst des Punktes γ der Punkt c gefunden werden.

Auf ähnliche Weise ergeben sich die folgenden Pfeiler, wenn man deren Abstände kennt; macht man $\beta \delta = \gamma \varepsilon = $ dem Abstand der beiden ersten Pfeiler, so schneiden die Linien $D_4 \delta$ und $D_4 \varepsilon$ auf m o die Punkte d und e des zweiten Pfeilers ab u. s. f. für die folgenden.

Wir haben eigentlich zunächst nur die Eckpunkte der Sockel bestimmt. Aber auf dieselbe Weise ergeben sich auch die Eckpunkte der auf ihnen stehenden Pfeiler, sowie die Eckpunkte der Kämpfer im Grundriß.

Um die Lage der obern Endpunkte zu finden, errichte man in m ein Loth m n, mache dasselbe gleich der Höhe der Pfeiler, ziehe n o und verfahre weiter nach § 58.

Was endlich die Mittelpunkte der Kreisbogen anlangt, so liegen dieselben auf der Mittellinie der Tafel, da die Perspective der Wölbachse mit derselben zusammenfällt.

Zusatz. Wären die Wölbachsen schräg gegen die Tafel gerichtet, so würden die kreisförmigen Wölbbogen in Ellipsen übergehen. Dies ist z. B. der Fall bei den Graten der Kreuzgewölbe.

§ 68.

Um eine Anwendung von der Methode der Theilpunkte zu geben, stellen wir Fig. 57 zwei auf der Grundebene senkrecht stehende Rechtecke dar, welche in dem (nach § 35 II. dargestellten Grundriß durch die Linie e′ f′ und e′ g′ angedeutet sind. In jedem derselben befindet sich über a′ b, und c′ d′ ein zweites Rechteck mit spitzbogenförmigem Schluß, dessen Form der halbe auf der linken Seite im Grundriß umgeklappte Bogen über e′ 1 angiebt.

Zuerst sind vom Grundpunkt G aus (nach § 34) die Verschwindungspunkte x und y für alle in den Ebenen e' f' und e' g' liegenden Horizontallinien, sowie nach § 48 die dazu gehörigen Theilpunkte T und T' bestimmt worden (x T = x G und y T' = y G).

Verlängert man nun im Grundriß e' f' und e' g', bis sie den Grundriß A' A' der Tafel in m' und n' schneiden, welche Punkte man auf die Grundlinie der Tafel nach m und n überträgt, so sind m x und n y die perspectivischen Richtungen von e' f' und e' g', und deren Durchschnitt ist die Perspective von e'. Es kommt nun noch darauf an, auf m x und n y die Punkte a', b', f' und c', d', g', sowie die Fußpunkte 1, 2, 3 … der, von den Spitzbogen auf den Grundriß, gefällten Lothe perspectivisch zu bestimmen. Hierzu sollen nun die Theilpunkte T und T' dienen.

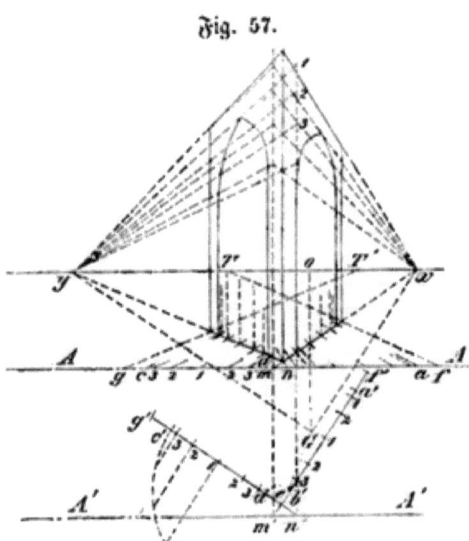

Fig. 57.

Trägt man aus dem Grundriß die Abstände n d', n c', n g', n . 1, n . 2, n . 3 … auf die Grundlinie der Tafel von n aus nach links und verbindet die so erhaltenen Punkte d, c, g; 1, 2, 3 … mit T', so ergeben sich als Durchschnitte mit n y die Perspectiven von d', c', g', 1, 2, 3 … und trägt man ebenso m' a', m' b', m' c', m, . 1 … von m aus auf die Grundlinie nach rechts und verbindet die erhaltenen Punkte mit T, so ergeben sich auf m x die Perspectiven der entsprechenden Punkte.

Auf den in diesen Punkten errichteten Lothen liegen die entsprechenden oberen Punkte, deren perspectivische Höhe man findet, wenn man in m und n Lothe errichtet, die geometrischen Höhen auf denselben aufträgt und die erhaltenen Endpunkte mit x und y (nach § 59) verbindet.

§ 69.
Accidentalpunkt der Diagonalen.

Sowie man bei der geometrischen Construction von Polygonen häufig eine oder mehrere Diagonalen benutzt, so geschieht dies auch mit Vortheil bei der perspectivischen Darstellung derselben, um so mehr, wenn der Verschwindungspunkt einer Seite außerhalb der Tafel liegt, während der der benachbarten Diagonale noch in die Tafel fällt.

Ganz besonders tritt der Vortheil, den die Herbeiziehung des Verschwindungspunktes einer Diagonale gewährt, bei Rechtecken und Quadraten hervor, und man wird daher besonders bei architektonischen Gegenständen, bei welchen diese Figuren eine wichtige Rolle spielen, davon Gebrauch machen, weshalb wir Anfänger ausdrücklich darauf aufmerksam machen.

Wenn man durch den Grundpunkt G (Fig. 58) zwei aufeinander senkrechte Verschwindungsstrahlen G x und G y zieht, so ergeben sich nach § 34 die Verschwindungspunkte x und y für alle mit G x und G y parallelen Linien.

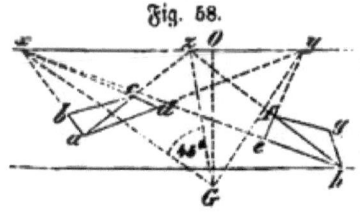

Fig. 58.

Je zwei Linien, welche man von einem Punkte a, b, c oder d nach x und y zieht, stehen daher aufeinander senkrecht, und die Vierecke a b c d, und e f g h, deren Seiten sich nach x und y verlieren, sind folglich Rechtecke.

Im Allgemeinen bleibt bis hierher die Gestalt dieser Rechtecke noch unbestimmt; nur die Richtung ihrer Seiten, sofern sie parallel G x und G y sind, ist festgestellt. Wenn jedoch auch die eine Diagonale derselben sich nach dem nämlichen Verschwindungspunkte z verliert, so sind die Rechtecke ähnlich; denn die eine Diagonale und die Seiten derselben sind paarweise parallel. Ist überdies in beiden Rechtecken eine homologe Seite gleich, so sind die Rechtecke congruent.

§ 70.

Perspectivische Darstellung von Quadraten.

Wenn (Fig. 58) der Verschwindungspunkt z so liegt, daß der Verschwindungsstrahl G z mit den Verschwindungsstrahlen G x und G y Winkel von 45° bildet, so werden drei von einem Punkte a oder c ausgehende nach x, y und z sich verlierende Linien Winkel von 45° bilden. Daher muß das Viereck a b c d, dessen eine Diagonale mit den anstoßenden Seiten Winkel von 45° bildet, ein Quadrat sein.

Da alle (in einer horizontalen Ebene gedachten) nach x und y gezogenen Linien mit allen nach z gezogenen Linien Winkel von 45° bilden, so wird oft der Punkt z auch der 45° Punkt genannt und mit 45° bezeichnet, zum Unterschied von einem beliebigen diagonalen Accidentalpunkt.

§ 71.

Bei Säulen ist in der Regel die Grundfläche der Plinthe (der untersten Platte) ein Quadrat und die mit derselben parallelen Querschnitte sind ebenfalls meist Quadrate oder Kreise, welche eine gemeinsame geometrische Achse haben, die auf der Grundfläche der Plinthe senkrecht steht.

Die Construction dieser Querschnitte, resp. Grundflächen der einzelnen Platten, wird durch die § 70 gemachte Bemerkung sehr vereinfacht.

Hatte man eine Seite oder die Diagonale eines Quadrats der Lage und Größe nach perspectivisch bestimmt, so ergeben sich die übrigen Stücke vermittelst der Accidentalpunkte. Ist z. B. Fig. 58 die nach z gerichtete Diagonale der Lage nach bestimmt, so kann man nach § 48 vermittelst der Theilpunkte die Endpunkte derselben finden, und wenn man dieselben mit x und y verbindet, so ergeben sich als Durchschnitte der Verbindungslinien die beiden andern Eckpunkte des Quadrats. Ebenso hätte man die Construction mit einer Seite beginnen können.

Um einen Kreis perspectivisch darzustellen, denke man sich um und in denselben ein Quadrat beschrieben, dessen Seiten und eine Diagonale sich ebenfalls nach x, y und z verlieren.

§ 72.

Das § 71 Gesagte ist Fig. 59, 60 und 61 zur Anwendung gekommen. Wir haben in diesen Figuren, welche Anregung zu weiteren Uebungen geben sollen, die zur Construction benutzten Accidentalpunkte x, y, der Raumersparniß halber, nicht mit auf die Tafel gebracht, sondern nur den mit 45° bezeichneten diagonalen Accidentalpunkt.

Der eine Eckpunkt der Plinthe ist in der Tafel liegend angenommen worden, daher erscheint die Höhe der Plinthe an dieser Stelle in der wahren Größe, so daß, wenn man die geometrische Höhe der Plinthe dort aufträgt, man einen Eckpunkt der obern und untern Grundfläche hat. Um noch einen zweiten Eckpunkt zu erhalten, trage man nach § 48 die geometrische Länge einer Seite oder der Diagonale auf der Grundlinie ab und verbinde den erhaltenen Endpunkt mit dem zugehörigen Theilpunkt, so erhält man einen zweiten Eckpunkt und nach § 71 auch die beiden andern.

Ein im Durchschnitt der Diagonalen errichtetes Loth stellt die geometrische Achse des Körpers perspectivisch dar, auf welcher die Mittelpunkte aller mit der Grundfläche der Plinthe parallelen Querschnitte liegen, welche theils Quadrate sind, theils Kreise, wie bei der neudorischen Säule (Fig. 61).

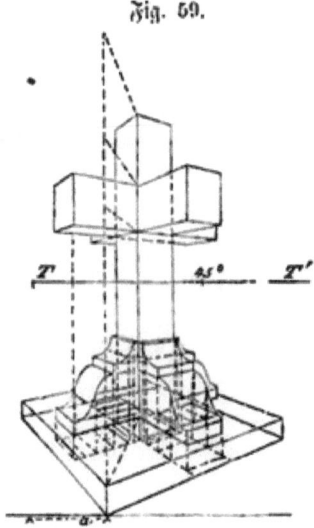

Fig. 59.

Um die Höhen perspectivisch aufzutragen, kann man entweder nach § 59 oder § 61 verfahren. Da alle Diagonalen der Querschnitte, deren Perspectiven sich nach dem Accidentalpunkte 45° verlieren, die Tafel in derjenigen lothrechten Linie schneiden, welche in dem mit der Tafel zusammenfallenden Eckpunkte der Plinthe errichtet wird, so kann man nach § 59 auf derselben die geometrischen Höhen auftragen und deren Endpunkte mit dem Accidentalpunkt 45° verbinden; man erhält so die

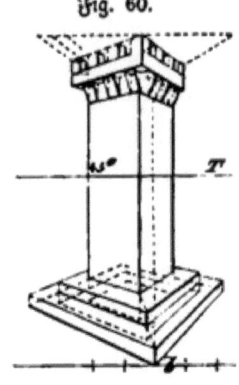

Fig. 60.

Richtung der Diagonale eines jeden Quadrats; bestimmt man mittelst des Theilpunktes den einen Endpunkt der Diagonale und verbindet denselben mit x und z, so erhält man die Richtung zweier Seiten, und wenn man noch einen Eckpunkt des Quadrats bestimmt, so kann man nach § 71 das Quadrat vollenden. Dieses Verfahren ist Fig. 59 angewendet, welche eine auf einer Plinthe und vier geschweiften Füßen ruhende quadratische Säule darstellt, in welche oben kreuzförmig vier quadratische Prismen eingezapft sind, welche auf den Seitenflächen der Säule senkrecht stehen. Die Perspective der Füße erhält man, indem man mehrere Querschnitte derselben bestimmt.

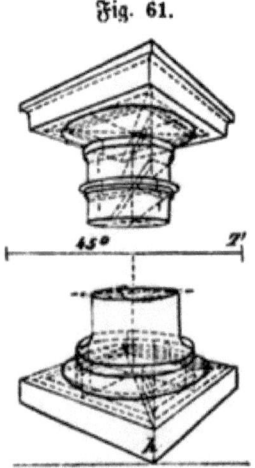

Fig. 61.

Dieselbe Methode könnte auch Fig. 60 und 61 angewendet werden. Bei Fig. 60 ist das Verfahren § 61 angewendet worden.

Der Umfang der oberen quadratischen Platte enthält eine Garnitur von kleinen quadratischen Prismen in gleichen Abständen, deren Seiten und Diagonalen mit den übrigen Prismen gleiche Accidentalpunkte haben; bestimmt man die Spur der obern Grenzebene, so ergiebt sich die weitere Construction nach § 61 u. ff.

Platten, welche gleiche geometrische Ausladung haben, haben auch gleiche perspectivische Ausladung.

Was die Figur 61 darzustellenden Kreise anlangt, so liegen deren Mittelpunkte in der bereits erwähnten geometrischen Achse der Säule. Bestimmt man vermittelst des Accidentalpunktes 45° nach § 59 die Höhen dieser Kreismittelpunkte und beschreibt nach § 71 in und um diese Kreise Quadrate, so erhält man die nöthigen Bestimmungspunkte für die perspectivische Darstellung der Peripherie dieser Kreise. Wenn mehrere dieser Kreise einerlei Durchmesser haben, so sind die perspectivisch parallelen Durchmesser derselben gleich.

Was die Perspective eines Anlaufs oder Ablaufs oder einer Hohlkehle u. s. w. anlangt, so darf man nur die Perspective mehrerer Querschnitte bestimmen, deren äußerste Punkte man durch eine Curve verbindet.

§ 73.

Bei der Darstellung von Gebäuden kommen ganze Reihen von Parallellinien vor, z. B. die Kanten der Sockel, der Gurtgesimse, der Dachgesimse, der Sohlbänke, der Thür- und Fenstergesimse, der horizontalen Verdachungen u. s. w., wenn sie auf der nämlichen oder auf parallelen Wandflächen liegen. Daher wird der zu diesen Parallellinien gehörige Verschwindungspunkt nicht nur die Construction ganz außerordentlich vereinfachen, sondern auch eine weit genauere Darstellung der Perspective möglich machen, als dies ohne Benutzung der Verschwindungspunkte der Fall ist.

Nun dürfen aber die genannten Linien mit der Grundlinie oder dem Horizont der Tafel nur kleine Winkel bilden, da außerdem die Perspective eines Gebäudes einen unvortheilhaften Eindruck macht; infolge dessen liegen die Verschwindungspunkte weit vom perspectivischen Bilde ab, so daß man, wenn man nicht ein verhältnißmäßig sehr großes Reißbret nimmt, den Vortheil, den die Verschwindungspunkte gewähren, nicht im vollen Maße benutzen kann. Denn wenn man auch mittelst des halben oder viertels Verschwindungs- und Theilpunktes einzelne Punkte der genannten Linien erhalten kann, so bekommt man doch deren Richtung vermittelst nahe gelegener Punkte nicht so scharf, als mit Hilfe der Verschwindungspunkte.

Hat man für derartige Darstellungen nicht ein ausreichend großes Reißbret zur Verfügung, so kann man sich des folgenden Kunstgriffs bedienen. Wäre o (Fig. 62) ein sehr entfernter Verschwindungspunkt und läge zwischen den Parallelen a d und a' d' die Bildfläche, so denke man sich von o aus ein Strahlenbündel gelegt; die auf den Parallelen a d

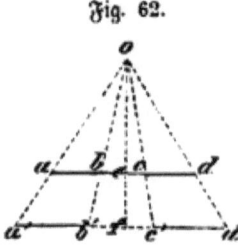

Fig. 62.

und a' d' von je zwei Strahlen abgeschnittenen Segmente verhalten sich, wie die senkrechten Abstände von o, d. h. a b : a' b' = c d : c' d' = o e : o f. Kennt man nun das Verhältniß o e : o f, und ist auf einer der Parallelen ein Punkt z. B. d' und mithin die dazu gehörige Strecke f d' gegeben, so schneide man auf der andern ein proportionales Stück c d ab, so daß f d : e d = o f : o e ist, so geht die Verbindungslinie d' d durch den Verschwindungspunkt o. Zur leichten Bestimmung proportionaler Stücke construire man sich einen Proportionalzirkel.

§ 74.

Ist (Fig. 63) O der Augenpunkt und Q der Grundpunkt; sind ferner Q R und Q S die zu je zwei Systemen von Horizontallinien gehörigen Verschwindungsstrahlen, die aber gegen den Horizont eine so geringe Neigung haben, daß der Durchschnitt nicht mehr auf der Tafel erfolgt, so ziehe man in einiger Entfernung von der Mittellinie O Q zwei Parallelen U R und T S mit derselben, welche von den Verschwindungsstrahlen in R und S, vom Horizont in U und T geschnitten werden.

Man theile nun O Q, T S und U R in eine beliebige, aber gleiche Anzahl gleicher Theile, die man auch oberhalb des Horizonts aufträgt, und verbinde die entsprechenden Theilpunkte, so werden die Verbindungslinien zwischen O Q und U R sich in dem zu Q R und die Verbindungslinien zwischen O Q und T S sich in dem zu Q S gehörigen Verschwindungspunkte, wie sich leicht und nach Analogie von § 73 zeigen läßt, schneiden.

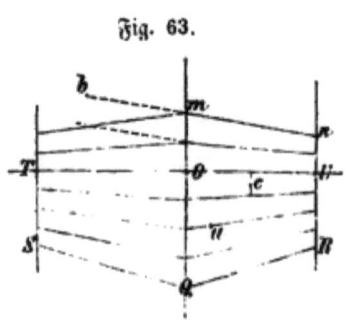

Fig. 63.

Hat man nun z. B. durch die Punkte a, b und c Linien zu ziehen, welche sich in dem zum Verschwindungsstrahl Q R gehörigen Verschwindungspunkte verlieren, so ist die zu a gehörige schon vorhanden, die zu b gehörige liegt auf der Verlängerung von m n und die zu c gehörige entspricht einer Richtung, die zwischen den beiden benachbarten Richtungen liegt: man erhält dieselbe leicht, wenn man durch c ein Loth zieht und die Lothe bei O und U in demselben Verhältniß theilt, wie das Loth bei c durch den Punkt c getheilt worden ist.

Aehnlich wird verfahren, wenn durch gegebene Punkte Linien gezogen werden sollen, welche sich in dem zu Q S gehörigen Verschwindungspunkte verlieren.

Daß die Anordnung dieser Liniensysteme mannigfach verändert werden kann, ist leicht zu übersehen.

§ 75.

Wenn weder der Verschwindungspunkt V, noch der Grundpunkt Q auf die Ebene der Tafel fällt, so läßt sich das im vorigen § dargelegte Verfahren auf folgende Art erreichen. Man mache O q gleich der halben Distanz $= \frac{1}{2}$ O Q und O v $= \frac{1}{2}$ O V, so ist q v ∥ Q V. Da nun Q V parallel dem System von Linien ist, für welches V der Verschwindungspunkt ist, so muß auch q v diesem System parallel sein, und man erhält daher zuerst die Richtung q v, ohne Zuziehung der Punkte Q, V, indem man durch q eine zu dem vorliegenden System von Parallellinien parallele Linie q v zieht.

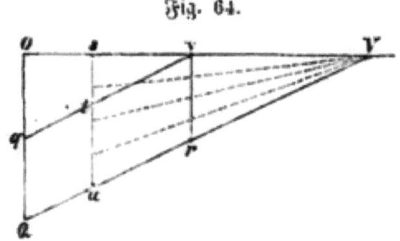

Fig. 64.

Es handelt sich nun weiter darum, die Linie u r zu finden, welche eine beliebige Strecke auf der Linie Q V ist, ohne die Punkte Q und V zu kennen. Zu diesem Zweck errichte man in v und in einem beliebigen andern Punkt s Senkrechte auf dem Horizont, welche, weil O q ebenfalls senkrecht auf dem Horizont steht, mit O q parallel sind. Da nun q v ∥ Q V, ferner v r ∥ s u ∥ O Q und O q $= \frac{1}{2}$ O Q, so ist v r $=$ t u $=$ q Q $=$ O q.

Man erhält daher die Punkte u und r, wenn man auf den in v und s errichteten Lothen die Strecken r r = t u = O q abträgt.

Nachdem auf diese Weise die Richtung v r ohne Zuziehung der Endpunkte Q und V bestimmt ist, theile man, wie § 74, die Lothe s u und v r in eine beliebige Anzahl gleiche Theile und verbinde die Theilpunkte der Reihe nach, so verlieren sich die Verbindungslinien im Verschwindungspunkte V und können je nach Bedürfniß verlängert und wie § 74 benutzt werden.

Statt O q gleich der halben Distanz zu nehmen, könnte man auch einen beliebigen andern Theil derselben, z. B. O q = $^2/_3$ O Q auftragen, dann wäre q Q = $^1/_3$ O Q und in Folge dessen würde auch t u = v r = $^1/_3$ O q zu nehmen sein.

§ 76.

¶ Aus dem Fig. 65 dargestellten Grundriß eines Gebäudes ist die perspectivische Ansicht Fig. 66 abgeleitet worden. Der Raumersparniß halber haben wir den Grundriß in kleinerem Maßstabe aufgetragen; M N stellt die Lage der Tafel und A o die Richtung der Standlinie dar. Die Firstenlinie a b des vorspringenden Giebels ist horizontal; die trapezförmige Dachfläche b e f c ist umgeklappt = f c b' e' dargestellt; ebenso ist die halbe Dachfläche des Giebels g d c b in einer besondern Figur in der wahren Größe aufgetragen, woraus sich die Höhe und Gestalt des Daches ableiten läßt. Die übrigen Höhen müssen entweder in Zahlen oder durch eine geometrische Ansicht gegeben sein.

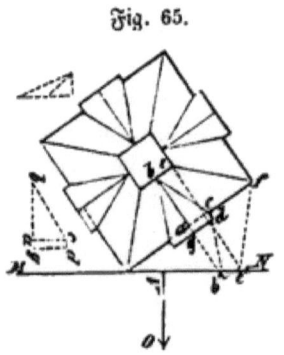

Fig. 65.

Wenn die Bildebene des Grundrisses zur Aufnahme des Standpunktes o noch ausreicht, so kann man durch Sehstrahlen die perspectivischen Breiten im Grundriß bestimmen und auf die Tafel übertragen. Enthält die Tafel die Verschwindungspunkte x und y der § 73 genannten Kanten, so bestimme man nach § 59 für jede derselben einen Punkt und verbinde denselben mit dem dazu gehörigen Verschwindungspunkt, so ergiebt sich die perspectivische Richtung und vermittelst der schon bestimmten Breiten auch die perspectivische Länge dieser Kanten.

Fig. 66.

Liegen der Standpunkt o und die Accidentalpunkte x und y nicht mehr in der Bildebene des Grundrisses und der Tafel, so muß man nach § 47, 49 u. ff. verfahren, oder den § 74 und 75 angedeuteten Kunstgriff anwenden.

Daß bei dieser und vielen andern Aufgaben verschiedene Verfahrungsarten angewendet werden können, ist bereits wiederholt bemerkt worden.

§ 77.
Perspectivische Beleuchtung.

Wie wir schon § 4 angedeutet haben, kann ein blos linear gehaltenes perspectivisches Bild, auch wenn alle Regeln der mathematischen Perspectiv=

lehre beobachtet worden sind, auf das Auge nicht ganz den der Natur ent=
sprechenden Eindruck hervorbringen, da sehr wichtige Momente, Schatten,
und Abstufung in der Beleuchtung außer Acht geblieben sind.

Was die Abstufung der Helligkeit anlangt, so hängt diese ebenso wie
bei der geometrischen Schattenlehre hauptsächlich von zwei Umständen ab:
von der Richtung der Lichtstrahlen gegen die Fläche und von der Ent=
fernung des Auges von der Fläche, für welche der Grad der Helligkeit be=
stimmt werden soll. In beiderlei Beziehung kommen dieselben Grundsätze,
wie solche im zweiten Heft entwickelt worden sind, auch hier zur Anwendung.
Die Richtung der Lichtstrahlen ist bei der perspectivischen Beleuchtung nicht
so feststehend, wie bei der geometrischen, sondern ändert sich nach dem
Geschmack des Zeichners; bald werden centrale, bald parallele Lichtstrahlen
angenommen, deren Richtung gegen die Tafel und die Grundebene verschieden
gewählt wird.

Dem Anfänger ist bei Bestimmung der Beleuchtung zu rathen, das
Object, die Tafel, das Auge und die Richtung der Lichtstrahlen zuerst in
einer geometrischen Ansicht darzustellen und für die verschiedenen sichtbaren
Flächen nach und nach den Grad der Helligkeit festzustellen.

§ 78.

Was die Bestimmung der Schlagschatten anlangt, so besteht die
allgemeine Methode darin, daß man zuerst nach den im zweiten Heft ge=
gebenen Regeln die Projectionen der Schlagschatten bestimmt
und dieselben nach einer der bisherigen Methoden auf die perspectivische
Tafel überträgt.

Diese Methode ist für den Anfänger die verständlichste und gewährt
auch die größte Schärfe. Wir rathen daher, dieselbe durch einige Beispiele
einzuüben.

Bei der sogenannten freien Perspective, bei welcher man die
zu zeichnenden Gegenstände nicht erst geometrisch darstellt, sondern
deren Lage gegen die Bildebene sich nur denkt und dieselben dann
unmittelbar in Perspective setzt, werden auch die Schlagschatten unmittel=
bar bestimmt.

Schlagschatten des Punktes.

Denkt man sich durch einen Punkt a (Fig. 67), dessen Perspective mit Hilfe des Distanzpunktes, des Augenpunktes und des in der wahren Größe aufgetragenen Lothes a" m (§ 59) bestimmt worden ist, eine auf der Grundebene senkrechte Linie a a gezogen und durch dieselbe eine Strahlenebene gelegt, so liegen in derselben die Schlagschatten aller auf dem Lothe a a gelegenen Punkte, da diese Ebene als eine durch a a gelegte Strahlenebene alle von a a ausgehenden Lichtstrahlen enthält.

Bestimmt man nun den Durchschnitt dieser Strahlenebene mit der Grundebene oder mit der Tafel oder mit einer beliebigen ebenen oder krummen Fläche, so enthält der Durchschnitt den Schlagschatten der Linie a a auf dieselben.

Den Schatten eines beliebigen Punktes a dieser Linie erhält man nun, wenn man durch a einen Lichtstrahl legt und den Punkt α, in welchem derselbe den erwähnten Durchschnitt trifft, bestimmt.

Um die perspectivische Richtung des durch einen Punkt a gehenden Lichtstrahls leicht zu erhalten, bestimme man für parallele Strahlen deren Verschwindungspunkt x oder für centrale Strahlen deren Centrum c, so hat man für die Perspective eines jeden Lichtstrahls einen Ausgangspunkt x oder c.

§ 79.

Am einfachsten gestaltet sich die § 78 im Allgemeinen angegebene Construction, wenn die Lichtstrahlen **parallel mit der Tafel und unter einem spitzen Winkel gegen die Grundebene** einfallend angenommen werden. Denn in diesem Falle kann man **jede mit der Tafel parallele Ebene als eine Strahlenebene** ansehen. Die Spur derselben mit der Grundebene ist eine mit der Grundlinie parallele Linie. **Daher ist für jede mit der Tafel parallele Ebene der Schlagschatten, soweit derselbe auf die Grundebene fällt, eine mit der Grundlinie parallele Linie.**

Da man sich nun durch jede lothrechte Linie, sowie überhaupt durch jede mit der Tafel parallele Linie eine mit der Tafel parallele Strahlen=

ebene gelegt denken kann, so sind die Schatten aller lothrechten und aller mit der Tafel parallelen Linien, soweit dieselben auf die Grundebene fallen, mit der Grundlinie der Tafel parallel.

Da ferner Winkel, deren Schenkel mit der Tafel parallel sind, d. h. deren Schenkel in einer mit der Tafel parallelen Ebene liegen, in der wahren Größe erscheinen (§ 13, 1), so wird der Winkel, welchen ein Lichtstrahl mit der Grundebene bildet, gleich dem Winkel sein, welchen die Perspective des Lichtstrahls mit einer durch denselben gelegten horizontalen Linie einschließt.

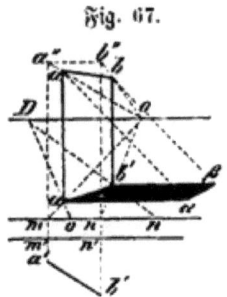

Fig. 67.

Daher liegt (Fig. 67) der Schatten der lothrechten Linie a a' auf der horizontalen Linie a' α und der Schatten der lothrechten Linie b b' auf der horizontalen Linie b' β; ferner sind a α und b β Lichtstrahlen, wenn Winkel a α a' = Winkel b β b' ist und beide Winkel gleich dem Winkel sind, welchen die Lichtstrahlen im Raume mit der Grundebene bilden. Wir wollen diesen Winkel = 45° setzen, obwohl die Construction sich im Uebrigen nicht ändert, wenn irgend ein beliebiger spitzer Winkel angenommen wird.

Hiernach ergiebt sich leicht der Schatten des Rechtecks a b b' a', indem man a α und b β parallel mit der Grundlinie zieht und durch a und b die Linien a α und b β unter 45° gegen a' α und b' β zieht.

§ 80.

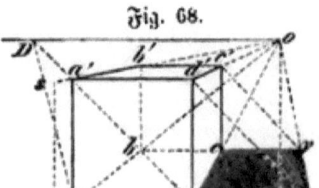

Fig. 68.

Fig. 68 stellt einen auf der Grundebene stehenden Würfel dar, dessen Flächen a d d' a' und b c c' b' parallel mit der Tafel sind, mithin muß der Schatten zwischen diesen Flächen liegen. Verlängert man deren horizontale Spuren a d und b c und zieht von d' und c' Lichtstrahlen, welche diese Spuren in δ und γ schneiden, so ergiebt sich der Schatten d c γ δ. Die den Schatten werfende Fläche ist d c c' d'.

Ueber die perspectivische Darstellung des Würfels, welche mit Hilfe des Augenpunktes o, des Distanzpunktes D, der geometrischen Tiefe m n = p q und der geometrischen Seitenlänge m p = n q = m s erfolgt ist, wird kaum eine Erläuterung nöthig sein.

§ 81.

Wenn ein Rechteck a a' b' b (Fig. 69) seinen Schatten theilweise auf einer lothrechten Ebene u v v' u' absetzt, so bestimme man zuerst die

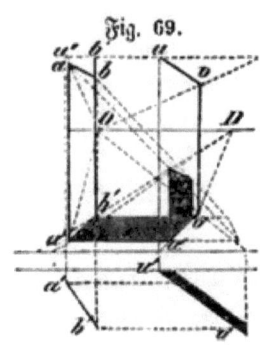

Perspective des Rechtecks und der Ebene u v' v u', wie bisher, so wie den Schatten des Rechtecks auf die Grundebene nach § 79. Von den Punkten an, wo dieser Schatten die Grundlinie u' v' der Ebene u v v' u' schneidet, steigt der Schatten auf der Ebene empor, und zwar setzen nach Heft II lothrechte Linien auf lothrechten Ebenen lothrechte Schatten ab. Die von a und b nach den letzteren gezogenen Lichtstrahlen geben die oberen Grenzen des Schlagschattens. Wäre die den Schatten auffangende Ebene nicht lothrecht, so würden die Schattengrenzen schräge Linien sein.

§ 82.

Sind die Lichtstrahlen nicht mit der Tafel parallel, wohl aber unter sich, so werden sich deren Perspectiven in einem Punkt schneiden. Wird, wie bei den geometrischen Schatten, angenommen, daß der leuchtende Körper in unendlicher Ferne vor der Tafel liegt, so daß die Lichtstrahlen von links nach rechts, von oben nach unten, unter einem bestimmten Winkel α gegen die Grundebene einfallen, so liegt deren Verschwindungspunkt rechts von der Mittellinie und unterhalb des Horizonts, und zwar um so tiefer, je größer der Winkel α ist, unter welchem die Strahlen die Grundebene oder Horizontalebene treffen. Hat man diesen Verschwindungspunkt V der Strahlen und die Perspective p eines Punktes P bestimmt, so ist p V der geometrische Ort, auf welchem der Schatten des Punktes P liegt.

Fällt der Schatten auf die Grundebene, so ist deren Durchschnitt mit p V der gesuchte Schatten.

Denkt man sich durch eine Anzahl Punkte P', P", P"' ... lothrechte Strahlenebenen gelegt, so sind dieselben, da die Strahlen parallel vorausgesetzt sind, unter sich parallel, mithin auch deren Durchschnitte mit der Grundebene. Diese Durchschnitte sind aber horizontale Parallellinien, mithin liegt deren Verschwindungspunkt v im Horizont, und zwar muß v lothrecht über dem Verschwindungspunkt V der wirklichen Strahlen liegen. Man kann auch sagen: v ist der Verschwindungspunkt der Projectionen der Lichtstrahlen auf der Grundebene, während V der Verschwindungspunkt der Strahlen selbst ist.

§ 83.

Auf der vorstehenden Bemerkung beruht die Construction des Schattens (Fig. 70.) Ist V der Verschwindungspunkt der Strahlen, v der Verschwindungspunkt ihrer Projectionen auf der Grundebene, so verbinde man die Eckpunkte 1, 2, 3, 4 des perspectivischen Grundrisses mit v; dann liegen auf den erhaltenen Linien die Schatten der lothrechten Kanten 1 1, 2 2, ...; verbindet man hierauf die Eckpunkte der oberen Grundfläche mit V, so ergeben sich als Durchschnitte mit den vorigen Linien die Schatten der Eckpunkte der oberen Grundfläche, womit der Schatten des Prismas auf der Grundebene bestimmt ist. Die

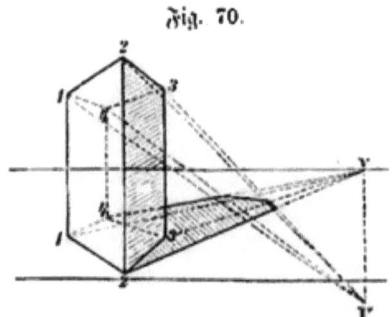

Fig. 70.